pfeiffer

Werner Müller

Körpertheater und Commedia dell'arte

Eine Einführung für Schauspieler, Laienspieler und Jugendgruppen

Verlag J. Pfeiffer · München

*Für Ursula,
die geduldigste aller Ehefrauen*

Mitglied der »verlagsgruppe engagement«

CIP-Kurztitelaufnahme der Deutschen Bibliothek
Müller, Werner:
Körpertheater und Commedia dell'arte: e. Einf. für Schauspieler, Laienspieler u. Jugendgruppen / Werner Müller.
[Ill.: Martin-Georg Oscity]. – München: Pfeiffer, 1984.
ISBN 3-7904-0410-1

Alle Rechte vorbehalten!
Printed in Germany
Druck: G. J. Manz AG, Dillingen
Umschlag und Illustrationen: Martin-Georg Oscity
© Verlag J. Pfeiffer, München 1984
ISBN 3-7904-0410-1

INHALT

I. Teil

7 *Was ist Körpertheater?*

11 *Klischee, Typ, Charakter in der Rollengestaltung*
11 Das Klischee
11 Der Typ
12 Der Charakter

14 *Die Techniken des Verbalen und Nonverbalen Spiels als Grundlage des Körpertheaters*
15 Der imaginäre Gegenstand
17 Der imaginäre Raum
19 Die imaginäre Kraft
21 Die imaginäre Person

23 *Der Schwerpunkt der Bewegung*

26 *Die Darstellung der Emotion: Der Solarplexus*

28 *Übungen und Etüden zum Haltungs- und Bewegungsschwerpunkt*
28 Die vier Elemente
36 Die sieben Todsünden
42 Darstellung von Tieren
47 Bewegungsschwerpunkte von Pflanzen
48 Bewegungs- und Haltungsschwerpunkte nach historischen Gemälden und Darstellungen

50 *Allgemeine Übungen zum Körperschwerpunkt*

52 *Körperschwerpunkte durch Lebensalter bedingt*

54 *Übungen zum Solarplexus*

64 *Szenische Übungen und Spielszenen zum Körpertheater*

79 *Übungen zum Solarplexus und Körperschwerpunkt zur Erarbeitung von historischen Szenen*

81 *Textgestaltung mit verschiedenen Schwerpunkten und Emotionen*

83 *Spielszenen als Übungen zum Körpertheater*

87 *Die Arbeitsweise des Körpertheaters am vorgegebenen Stück*

II. Teil

- 92 *Was bedeutet Commedia dell'arte?*
- 94 *Die Geschichte der Commedia dell'arte*
- 97 *Die Figuren der Commedia dell'arte*
- 97 Die Vecchi: Pantalone – Dottore – Capitano – Tartaglia
- 104 Die Zanni: Brighella – Arlecchino (Harlekin) – Columbina
- 112 Die Innamorati (Amorosi)
- 113 *Darstellungsschwerpunkte der Typen in der Commedia dell'arte*
- 116 *Szenische Übungen und Etüden zur Commedia dell'arte*
- 128 *Zeitgenössische Szenen der Commedia*
- 136 *Von der improvisierten Szene zur selbstgeschriebenen Commedia*
- 139 Mandragola
- 141 Harlekin pfeift auf den Krieg
- 144 Der Weg
- 146 Zirkusleben
- 146 Stummfilm

- 148 *Literaturverzeichnis*
- 148 Körpertheater
- 149 Commedia dell'arte
- 150 Verzeichnis von Musikstücken

I. Teil

Was ist Körpertheater?

»Es drängt mich vom nur Sprachlichen weg zum Körperausdruck. Es brauchte Zeit, bis mir aufging, daß Stirn, Augen, Wimpern, Brauen, Pupille, Lippe, Mundwinkel, Kinn, Hinterkopf, Nacken, Arme, Beine, Handgelenke, Finger, Rückgrat, Hals, Haaransatz, Leib, Becken mitspielen müssen, um Verborgenes, Menschliches kommunizieren zu können... Ich begriff, daß die Übermacht des Sprachlichen gebrochen werden müsse, und das Mimisch-Kreatürliche, den Menschen Bewegende, zur Dominante, zur das Sprachliche dirigierenden Vormacht erhoben werden müsse, um die Ganzheit der Menschdarstellung zu erreichen.
    Ich erkannte: Das Mimische beherrscht das Sprachliche. Und ja, kreiert es erst. Der Körper- und Gesichtsausdruck löst den wahren Sprachausdruck aus. Ich mißtraute immer den Regisseuren, die isoliert den Ton für einen Satz, ein Wort suchen, probieren, korrigieren, ihn nicht finden und sich und den Schauspieler in Verzweiflung bringen. Wenn bei einem befähigten Darsteller der Ton falsch ist, dann liegt die Fehlerquelle meist im Gesicht, in der Körperhaltung, oft in den Beinen, oft in der Geste. Das ist das Primäre...«[1]
    Für den Menschen im Alltag, in Geschäft und Familienleben sind die Bewegungen und die Haltungen seines Körpers nicht nur Mittel, um bestimmte Tätigkeiten auszuführen oder das gesprochene Wort zu unterstreichen.
    Sie dienen ebenso wie das geschriebene und gesprochene Wort – ja oft weit mehr als das Wort – als Mittel der Kommunikation.
    Die Sprache unseres Körpers ist unsere erste Sprache, lange bevor wir unsere sogenannte Muttersprache erlernen: Das Lächeln eines Säuglings signalisiert der Umgebung »Ich fühle mich wohl, ich erkenne dich«, und die Erwachsenen verzichten im Umgang mit Kleinkindern auf »ihre« Sprache und kommunizieren mit »dududu« usw.
    Später, wenn wir mühsam sogenannte Fremdsprachen erlernen und diese zum ersten Mal im Ausland anwenden, dann ersetzen wir fehlende Wörter durch Gesten und Haltungen.
    Ein Blick, eine wegwerfende Handbewegung, ein Aufrichten des Oberkörpers, ein Hochziehen der Brauen sagen oft mehr aus in einer Unterhaltung zwischen Menschen als wortreiche Erklärungen.

    Doch gilt es nun zunächst, eine Ordnung in der Vielfalt der Bezeichnungen über unsere Sprache des Körpers zu erstellen.
    Folgen wir dabei *Bert Brecht:* »... Dann gibt es einzelne *Gesten.* Solche, die anstelle von Aussagen gemacht werden und deren Verständnis durch Tradition gegeben ist, wie (bei uns) das bejahende Kopfnicken.

---

[1] *Fritz Kortner,* Aller Tage Abend.

Illustrierende Gesten, wie diejenigen, welche die Größe einer Gurke oder die Kurve eines Rennwagens beschreiben. Dann die Vielfalt der Gesten, welche seelische Haltungen demonstrieren, die der Verachtung, der Gespanntheit, der Ratlosigkeit und so weiter.

Wir sprechen ferner von einem *Gestus*. Darunter verstehen wir einen ganzen Komplex einzelner Gesten der verschiedensten Art zusammen mit Äußerungen, welcher einem absonderbaren Vorgang unter Menschen zugrunde liegt und die Gesamthaltung aller an diesem Vorgang Beteiligten betrifft (Verurteilung eines Menschen durch andere Menschen, eine Beratung, ein Kampf und so weiter) oder einen Komplex von Gesten und Äußerungen, welcher, bei einem einzelnen Menschen auftretend, gewisse Vorgänge auslöst (die zögernde Haltung des Hamlet, das Bekennertum des Galilei und so weiter) oder auch nur die Grundhaltung eines Menschen (wie Zufriedenheit oder Warten).

Ein Gestus zeichnet die Beziehung von Menschen zueinander. Eine Arbeitsverrichtung zum Beispiel ist kein Gestus, wenn sie nicht eine gesellschaftliche Beziehung enthält wie Ausbeutung oder Kooperation.

Ein Mensch, der einen Fisch verkauft, zeigt unter anderem einen Verkaufsgestus. Ein Mann, der ein Testament schreibt, eine Frau, die einen Mann anlockt, ein Polizist, der einen Mann prügelt, ein Mann, zehn Männer auszahlend – in all dem steckt sozialer Gestus. Ein Mann, seinen Gott anrufend, wird bei dieser Definition erst ein Gestus, wenn dies im Hinblick auf andere geschieht oder in einem Zusammenhang, wo eben Beziehungen von Menschen zu Menschen auftauchen (Der König betend in Hamlet).

Ein Gestus kann in Worten allein niedergelegt werden (und im Radio gehört werden); dann sind bestimmte Gestik und bestimmte Mimik in diese Worte eingegangen und leicht herauszuhören (eine demütige Verbeugung, ein amüsiertes Lächeln). Ebenso können (im stummen Film zu sehen) Gesten und Mimik oder (im Schattenspiel) nur Gesten Worte beinhalten.

Worte können durch andere Worte ersetzt, Gesten durch andere Gesten ersetzt werden, ohne daß der Gestus sich darüber ändert.«[2]

Dieser Körpersprache, dieser Ausdrucksfähigkeit der Gesamtheit von Haltung, Gesten, Mimik und Bewegungen muß sich der Darsteller – egal, ob er nun sogenannter Sprechschauspieler ist oder mehr in die Richtung der Pantomime tendiert – wieder bewußt werden. Diese Ausdrucksfähigkeit des Körpers muß absichtlich, nicht nur als Nebenprodukt von Wort- und Dialogregie, auf der Bühne eingesetzt werden. Um dies zu ermöglichen, muß jedoch die Ausdruckskraft und Körpersprache des Darstellers geübt und verfügbar werden.

Der Darsteller muß also durch Training und Gymnastik, durch Übungsaufgaben und Improvisationen *und* durch das ständige Fortentwickeln der Techniken des Sprechens, der Pantomime, sowie verschiedener Fertigkeiten, wie Fechten, Bühnenkampf, Tanz und Umgang mit historischen Kostümen, die Ausdrucksfähigkeit seines Körpers erfahren und erleben und diese dann bewußt zu gebrauchen lernen. Jedoch sollte man sich davor hüten, bestimmte Gesten, Gesichtsausdrücke und Körperbewegungen isoliert wie »nach Katalog« einzusetzen!

Im Körpertheater ist stets der ganze Körper beteiligt. *Jerzy Grotowski* gibt uns hier eine goldene Regel[3]: »Unser Körper muß sich jeder Bewegung, wie klein sie auch sei, anpassen. Jeder muß seinen eigenen Weg gehen. Stereotype

---

2 *Bertolt Brecht*, Über den Beruf des Schauspielers.
3 *Jerzy Grotowski*, Das arme Theater.

Übungen gibt es nicht. Wenn wir ein Stück Eis vom Boden aufheben, muß der ganze Körper auf die Bewegung und auf die Kälte reagieren. Nicht nur die Fingerspitzen, nicht nur die Hand, sondern der ganze Körper muß die Kälte dieses Eisstückes sichtbar machen.«

Das Körpertheater, das also dem geschriebenen Text, der pantomimischen Spielidee oder der konzipierten Szene zum »Sitz im Leben« verhelfen soll – wenn man hier diesen theologischen Terminus gebrauchen darf –, kann vereinfacht so definiert werden:

Das geschriebene Wort, die Geste mit der Hand, die rein technische Darstellung eines pantomimischen Gegenstandes sind zunächst »tot«, d. h. ohne konkrete Aussagekraft. Jedem gesprochenen Wort, jeder Geste und jeder noch so winzigen Szene oder einem Teil von dieser geht eine körperliche Handlung oder Haltung voraus und definiert sie dadurch bzw. weist ihnen »ihren Sitz im Leben« zu.

Diese körperlichen Haltungen, Bewegungsschwerpunkte und der Gestus, der sich aus der emotionellen Haltung des Körpers ergibt (künftig dann Solarplexus genannt), ergeben zusammen im Sinne des Wortes ein Gedankengebäude, das zur Orientierung beim Training und bei der Erarbeitung von Szenen helfen soll.

Als Grundlage jeder Schauspielkunst bleiben die Technik des verbalen und nonverbalen Spiels (Sprechen, Atmen, Pantomime) sowie spezielle Techniken (wie Fechten, Bühnenkampf, Tanzen).

Auf diesen Techniken stehen zwei Säulen: die Bewegungsschwerpunkte, Körperschwerpunkte und Haltungen zum einen, sowie der emotionsbestimmte Gestus des Körpers, Solarplexus genannt, zum anderen.

Diese Basis und die beiden Säulen ergeben das »tragfähige« Fundament für den vorliegenden Text eines Stückeschreibers, für die Idee einer pantomimischen Szene, für die im Moment des Spiels entstehende improvisierte Etüde.

Die Bereiche der Technik, der Körperschwerpunkte und der Emotion werden nun einzeln trainiert und erarbeitet, ergeben jedoch nur in ihrer Gesamtheit die Voraussetzung für ein *körperhaftes* Spiel, eben für das Körpertheater.

Die körperlichen Erfahrungen, die Gesten, die Mimik, das Spiel »aus dem Bauch«, die nun während des Trainings erworben und erarbeitet wurden, sollten während des Spieles auf der Bühne nicht einfach ausgepackt werden. Sie können nicht wie ein schlecht gehandhabtes Kostüm oder Requisit behandelt werden. (Denn auch dem Requisit und dem Kostüm gehen eine körperliche Haltung oder Handlung voraus!) Sie dienen als Vorstellungshilfe zum Nachdenken über die zu bewältigende Spielsituation.

Beobachtung und Nachahmung des Beobachteten ist hierfür die Grundlage: »Unsere Schauspielschulen vernachlässigen die Beobachtung und die Nachahmung des Beobachteten. Die Jugend neigt dazu, sich auszudrücken, ohne den Eindrücken nachzugehen, denen sie die Ausdrücke verdankt.

Es genügt nicht, die Figuren der Dichtung gut aufzunehmen, sondern man muß als Schauspieler ständig wirkliche Menschen um sich herum und am fernsten Umkreis dazu aufnehmen und verarbeiten. In gewisser Weise verwandelt sich für den Schauspieler seine ganze Umwelt in Theater und er ist der Zuschauer.

Ständig eignet er sich das seiner Natur Fremde an, und zwar so, daß es ihm fremd genug bleibt, das heißt so fremd, daß es sein Eigenes behält.

Der Schauspieler versperre sich keiner Freude und keinem Leid. Er braucht diese Empfindungen für seine Arbeit, da er vor allem trachten muß, Mensch zu bleiben.

Soziales Gefühl ist für den Schauspieler unbedingt notwendig. Es ersetzt jedoch nicht das Wissen um soziale Zustände. Und das Wissen um soziale Zustände ersetzt nicht das ständige Studium derselben. Für jede Figur und für jede Situation und für jede Aussage ist neues Studium nötig.«[4]

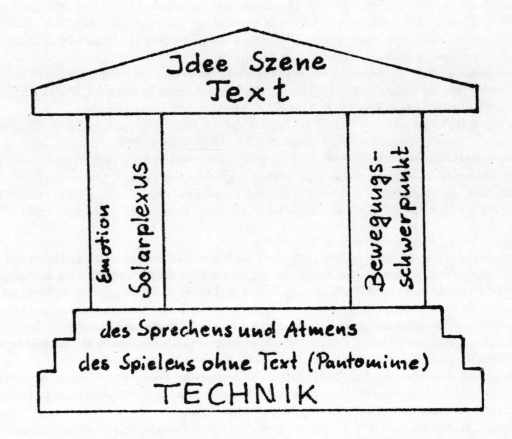

---

[4] *Bertolt Brecht*, Über den Beruf des Schauspielers.

Klischee, Typ, Charakter in der Rollengestaltung

»Bei der Darstellung der Greise, der Schurken und der Wahrheitssager muß man nicht mit verstellter Stimme sprechen« *(Bertolt Brecht).*

Bevor nun die verschiedenen Säulen des Körpertheaters und die entsprechenden Übungen und Etüden zur Sprache kommen, sollen noch kurz die Möglichkeiten der Rollengestaltung erörtert werden.

Das Klischee

»Vorgefertigter Druckstock für Abbildungen, dann übertragen vorgeprägte Wendungen, abgegriffene, durch allzu häufigen Gebrauch verschlissene Bilder, Ausdrucksweisen, Rede- und Denkschemata, die ohne individuelle Überzeugung einfach unbedacht übernommen werden.«[5]

Wenn ich als Regisseur oder als Spieler am Anfang einer Rollengestaltung stehe, so versuche ich zuerst, Klischeevorstellungen zu sammeln: Was verbindet man oberflächlich gesehen mit dieser Figur?

Wenn man das Klischee kennt, kann man es vermeiden oder bewußt in die Rolle einbauen.

Zunächst ist das Klischee nichts Negatives. Sollte man sich aber bei der Gestaltung einer Rolle mit dem Klischee begnügen, so bleibt die Figur mit Sicherheit flach, farblos und langweilig, da der Zuschauer ja bereits den »Druckstock« kennt und ihm die Figur keine neuen Einsichten oder Denkanstöße oder Sichtweisen vermitteln kann.

Kommt in einem Stück oder in einer Szene eine Schwiegermutter oder ein sogenannter »Ehedrachen« vor, so verbannen unsere Klischeevorstellungen diese Figur sofort hinter die halboffene Wohnungstür, das schlagbereite Nudelholz in der Hand. Natürlich sollte sich nicht einmal der kurze gespielte Witz in einer Faschingsaufführung einer Schülergruppe an einem derartigen Klischee orientieren, andererseits aber kann man eben dieses Klischee dem Publikum vorführen, um Erwartungshaltungen zunächst zu erfüllen, um dann den Zuschauern zu zeigen, daß dies Klischee ist.

Diese Möglichkeit dürfte sich aber auf die kabarettistische Spielform beschränken.

Klischeehaftes Spiel kann und darf im Körpertheater keinen Platz haben, da dies ein Widerspruch in sich wäre. Der Körper des Schauspielers ist nicht lebloses Material zur Erzeugung von »Druckstöcken«, die, einmal geschaffen, immer wieder die gleichen Bilder abgeben, sondern ein äußerst diffiziles Instrument, dessen Saiten, durch den Text oder die Spielvorgabe angerührt, Bilder und »Melodien« erzeugen.

Der Typ

»Bestimmte unveränderliche Charaktere mit feststehenden Merkmalen, die besonders im Drama in ihrer Art festgelegt sind und in den verschiedensten Stücken in gleicher Weise wiederkehren. Sie dienen der Verspottung der

---

[5] *Gero von Wilpert*, Sachwörterbuch der Literatur.

in ihnen verkörperten menschlichen Schwächen im Typenlustspiel – Atellanen und Commedia dell'arte – und in der Charakterkomödie. Im ernsten Drama dagegen bezweckt die typisierende Darstellung ... die Veranschaulichung des Allgemeingültigen, Menschlichen und neigt somit zur Idealisierung. Sie bezeichnet ihre Figuren bewußt durch Standes- oder Berufszugehörigkeit als stellvertretend für eine bestimmte Klasse oder Volksschicht.«[6]

Das wichtigste Merkmal einer Typenfigur ist also, daß sie in den verschiedensten Situationen erwartungsgemäß reagiert. Die Figur bleibt immer gleich und wird so zur »Verkörperung«. Diese Erscheinungsform eines Typen gibt es besonders im Volksmärchen – die Hexe oder die böse Stiefmutter sind immer böse, das Männchen, das am Wege sitzt, ist immer eisgrau, und der dumme jüngste Sohn gewinnt durch Schlauheit stets die Königstochter.

Kinder lieben besonders die festen Typen – da wissen sie, woran sie sind. Auch die Figuren der berühmten Karl-May-Geschichten sind Typen: Old Shatterhand ist immer edel und stark, vergibt seinen Feinden, während seine Gegenspieler immer hinterlistige Gestalten sind. Der Held dieser Geschichten wechselt Namen und Schauplatz, der Typ – die Verkörperung des Edlen im Menschen – bleibt in allen Situationen gleich. Die »Tipi fissi«, die festen Typen, standen am Beginn der Commedia dell'arte und somit am Beginn der europäischen neuzeitlichen Theatergeschichte. Auch Pantalone ist immer geizig und alt, während Harlekin immer hungrig und verliebt ist – doch darüber wird im zweiten Teil des Buches noch ausführlich die Rede sein.

Der Charakter

»Jede in einem dramatischen oder erzählerischen Werk auftretende, der Wirklichkeit nachgebildete oder fingierte Person, bzw. Figur, d. h. jede durch individuelle Charakterisierung in ihrer persönlichen Eigenart von den bloßen Typen abgehobene Person.

Charakterrolle = Schauspielerpart, der die Darstellung eines scharf betonten, individuellen Charakters erfordert. Ihre Eigenart wird vom Dramatiker oft nur angedeutet und setzt beim Schauspieler einfühlendes Nachschaffen voraus.«[7]

Besser kann man eigentlich Körpertheater gar nicht definieren.

Die Technik der Sprache oder der Pantomime schafft mir die Grundlage, um über den Bewegungsschwerpunkt, die Haltung und die Emotion einer Figur in einer ganz konkreten Situation, die der Stückeschreiber als Text oder der Spielleiter als Improvisation vorgibt, nachzudenken und sie stets neu zu schaffen. Der Körpertheaterspieler ist kein reproduktiver Schauspieler, der sich einmal in der Probe Typ, Charakter und Situation erarbeitete und nun »draufhat« und dies nun beliebig wiederholbar »abspulen« kann. Dies ist auch bei der Darstellung von Typen, Charaktertypen oder deren Mischformen nicht möglich. Körpertheater heißt, auch in der Probe, in jeder Vorstellung und in jeder wiederholten Phase einer Szene oder einer Improvisation die darzustellende Figur in Haltung, Bewegung, Schwerpunkt und Emotion stets neu, mit den gleichen Bedingungen, zu schaffen.

---

6 *Gero von Wilpert*, Sachwörterbuch der Literatur.
7 *Gero von Wilpert*, Sachwörterbuch der Literatur.

Damit ist nicht der sogenannte »Erlebnisschaupieler« gemeint, der sich in seine Rolle hineinsteigert und »außer sich« spielt. Er versucht nicht »einfühlendes Nachschaffen«, sondern »ist es selbst«.

Lucian von Samosata gibt dafür in seinem Dialog von der Tanzkunst ein beredtes Beispiel: ». . . es begegnet dem Mann, der sonst ein berühmter Mime war, das Mißgeschick, da er Raserei vorstellen sollte, in welche Ajax verfiel, gänzlich über alle Grenzen der Nachahmung hinausschweifte, und anstatt einen Rasenden zu agieren, sich so gebärdete, daß jedermann glaubte, er sei selbst rasend geworden. Er riß seinem Mensurschläger die Kleider vom Leibe, nahm einem Flötenspieler die Flöte weg und schlug damit dem nahestehenden und sich seines Sieges freuenden Ulysses ein Loch in den Kopf . . . sahen doch alle zu deutlich, daß hier nicht Ajax, sondern der Mime rase, denn er ließ es dabei nicht bewenden, sondern sprang von seinem Platz auf die Ratsherrenbank, setzte sich zwischen zwei Consularen, denen bange wurde, er möchte einen von ihnen für den verhaßten Widder ansehen, und auf ihn einpeitschen . . .«[8]

Körpertheater, das einfühlende Schaffen einer Figur bzw. einer Person mittels Körperhaltung, Bewegungsschwerpunkt und Emotion, die dann auch den Klang der Stimme, den Blick und die Gangart beeinflussen, ohne daß man sich *bewußt verstellt,* stellt an den Spieler die Forderung:

> Nicht du tust etwas, sondern bringe den Körper
> in eine Lage, dann geschieht es von ganz alleine.

Natürlich muß dieses »in eine Lage bringen« ständig trainiert werden: »Überhaupt muß ein Mime mit allen Kräften dahin arbeiten, daß alles an seinem Spiele passend (heute würde man »stimmig« sagen, Anmerkung des Verfassers), immer mit sich selbst übereinstimmend, kurz, im Ganzen und in allen Teilen vortrefflich sei. Um zu diesem Grade der Vollkommenheit gelangen zu können, muß er die lebhafteste Einbildungskraft mit einer großen Übung und Wissenschaft, und insbesonders mit einer ungemeinen Leichtigkeit sich in alle Lagen und Leidenschaften der Menschen zu versetzen, verbinden.«[9]

Körpertheater sucht den Weg zur Darstellung einer Person nicht über den Verstand, sondern über den »Bauch«, wobei natürlich die Ratio nicht vollkommen vernachlässigt wird. Um dies zu verdeutlichen, sei noch einmal *Lucian von Samosata* zitiert. Zum besseren Verständnis sei vielleicht noch angeführt, daß in der Antike der Sitz der Seele im Zwerchfell angenommen wurde: »Der Mann, ein Barbar, bemerkte, daß fünferlei verschiedene Masken für den Mimen in Bereitschaft waren, und da er nur einen Mimen sah, fragte er, wo denn die übrigen vier wären, die mit ihm agieren sollten. Man sagte ihm, dieser Einzige würde alle fünf Rollen spielen.

Oh Verzeihung, sagte der Fremde zu dem Tänzer, du hast also in einem Leib fünf Seelen? Das konnte ich nicht wissen.«[10]

---

[8] *Lucian von Samosata*, Schriftsteller zur Zeit Neros, aus dem Griechischen übersetzt von *Martin Wieland*, Leipzig 1789; in: *Max von Boehn*, Der Tanz.
[9] *Lucian von Samosata*, a.a.O.
[10] Ebenda.

Die Techniken des Verbalen und Nonverbalen Spiels als Grundlage des Körpertheaters

Für die Erarbeitung und Aneignung von Techniken des Schauspiels kann man eine einfache Faustregel anführen: »Je größer das Plakat, je höher die Ansprüche, desto besser und ausgefeilter sollte die Technik sein.«

Für eine Schulspiel- oder Laienspielgruppe genügt es zum Beispiel im sprachlichen Bereich bereits, wenn die Spieler verständlich, wenn auch leicht umgangssprachlich gefärbt ihren Text sprechen. Für höhere Ansprüche ist eine Bildung sprecherischer Fähigkeiten unumgänglich. Hier hilft in einigen Fällen einschlägige Fachliteratur zum Training[11].

Insgesamt sollte man diese Techniken jedoch in Schauspielschulen, in Workshops oder bei Lehrern erwerben, um peinlichen Dilettantismus zu vermeiden.

Ebenso verhält es sich auf dem Gebiet der Pantomime. Auch hier sei auf einschlägige Fachliteratur[12], aber auch auf die Notwendigkeit von Schulen und Workshops verwiesen.

Das beste Fachbuch ersetzt nicht die Kontrolle durch einen Lehrer, wenn man die Schauspielerei erlernen will. Es kann jedoch wertvolle Hilfen beim zusätzlichen Training bieten. Trotzdem soll das nun folgende Kapitel der Technik der Pantomime gewidmet sein.

Der Mime hat in der reinen Form der Pantomime – wie sie uns durch *Marcel Marceau* und andere Mimen bekannt ist – die Aufgabe und die Möglichkeit, sich ohne Kostüm, Requisit und Dekoration auszudrücken und Geschichten zu erzählen. Er ist fähig, eben dieses Kostüm oder Requisit durch seine Ausdruckskraft und seine Technik zu ersetzen.

Dieser Bereich kann im Körpertheater große Dienste leisten, kann dem Schauspieler und Regisseur als Hilfe dienen – auch wenn das Ziel der Übungen nicht der Auftritt als Solopantomime ist.

Zum besseren Verständnis der Pantomime sei eine Beschreibung aus *Jean Soubeyran*, »Wortlose Sprache«, den praktischen Ausführungen vorausgestellt: »Die Pantomime ist keine Scharade. Wenn das Publikum sie nicht versteht, liegt der Fehler nicht beim Publikum, sondern beim Mimen. Das Publikum soll nicht nachher, sondern gleichzeitig verstehen, ich möchte fast sagen, vorher. Der Mime erfüllt die Erwartungen der Zuschauer. Das Publikum des Mimen ist aktiv, nicht passiv. Es gibt in der Pantomime keine ›Bewegung an sich‹ wie beim Tanz. Bewegung, Haltung und Geste mit ihrer Dynamik und ihrem Rhythmus ergeben sich aus der Realität. Die Pantomime vereinfacht und komprimiert reale Vorgänge. Sie stellt das Besondere am Gewöhnlichen heraus. Pantomime will nicht Schönheit, sondern Wahrheit.«[13]

Zum noch besseren Verständnis der Pantomime eine Definition von *Marcel Marceau:* »Für mich ist Pantomime die Kunst, Gefühle mit Bewegung oder durch Bewegung auszudrücken, aber kein Ersatz der Worte durch Gesten. Die Kunst der Pantomime ist die Identifizierung des Menschen mit den Elementen, den Personen, der Natur, die

---

11 Siehe Literaturverzeichnis.
12 *Werner Müller*, Pantomime. Eine Einführung für Schauspieler, Laienspieler und Jugendgruppen. – In: Theater machen, Hrsg. *Herbert Giffei*. – *Jean Soubeyran*, Die wortlose Sprache.
13 *Jean Soubeyran*, Die wortlose Sprache.

uns umgibt. Es ist die Art, das Unsichtbare sichtbar zu machen, es ist eine Kunst, die Gefühle zu übersetzen weiß. – Durch die Pantomime integriert man sich total und übersetzt durch Gesten tiefere Gefühle des menschlichen Wesens.«[14]

Hier sind auch schon die Berührungspunkte der Pantomime und des Körpertheaters aufgezeigt: die Identifizierung des Mimen mit den Elementen, mit Tieren und Personen in der »Säule« der Bewegungs- und Haltungsschwerpunkte, und die Möglichkeit, Gefühle sichtbar zu machen in der »Säule« der Emotionen und des Solarplexus.

Um die Möglichkeiten des pantomimischen Spiels deutlicher vorstellen zu können, sollen die verschiedenen Darstellungsbereiche zunächst einzeln besprochen werden. Natürlich werden sie entsprechend dem Gedanken des Körpertheaters einzeln trainiert und erarbeitet, ergeben aber nur in ihrer Gesamtheit das pantomimische, nonverbale Spiel.

In einem »Gedankengebäude« möchte ich die Pantomime, wie schon in meinen bisherigen Veröffentlichungen[15], in vier imaginäre Darstellungsbereiche aufteilen:
1. Der imaginäre (d. h. nur in der Vorstellung bestehende, durch das Spiel des Mimen aber sichtbare) *Gegenstand*.
2. Der imaginäre *Raum*.
3. Die imaginäre *Kraft*.
4. Die imaginäre *Person* bzw. der imaginäre *Partner*.

Der imaginäre Gegenstand

Zunächst schafft die Hand des Mimen den imaginären Gegenstand, in unserem Beispiel ein Trinkgefäß. Wie bei einem realen Gegenstand umfaßt die Hand den Gegenstand und nimmt dadurch seine Form an. In der Pantomime umschließt die Hand des Mimen die Leere, dennoch setzt nun dieser in der Phantasie des Mimen geschaffene Gegenstand der Hand Widerstand entgegen, zwingt ihr seine Form auf. Deshalb ist es wichtig, daß zu diesem Zeitpunkt der Mime bereits über den Gegenstand »nachgedacht«, das heißt, ihn in seiner Vorstellung geschaffen hat.

Diese Vorstellung ist bestimmt
durch die Form des Trinkgefäßes (ist es ein Becher, ein langstieliges Glas oder ein Kelch?);
durch das Material des Gefäßes (ist das Trinkgefäß aus Blech, aus Gold, aus Kristall oder aus Plastik?);
durch seine Funktion innerhalb der Szene (womit ist der Becher gefüllt, hat er in der Szene zentrale Bedeutung oder trinke ich nur nebenbei?);
durch meine Beziehung zu diesem Gefäß (hat das Gefäß Symbolgehalt wie ein Meßkelch, hat es Gebrauchswert wie ein Plastikbecher, oder Erinnerungswert, der nur für mich gilt?);
durch seinen Inhalt (heißer oder kalter Kaffee, edler Wein oder Wasser, Gift, von dem ich weiß oder nicht weiß, usw.).

---

14 Aus einem Radiointerview.
15 Siehe Literaturverzeichnis.

All dies ist zu berücksichtigen, bevor ich nach dem Trinkgefäß greife. Nun nehme ich den Becher auf, und die Form meiner Hand wird sich nicht mehr ändern, bis ich dieses Gefäß wieder abgesetzt habe.

Bei der Darstellung des eben erwähnten Trinkgefäßes kann sich der Spieler aber nicht nur auf Form, Inhalt, Gewicht und Symbolgehalt konzentrieren – auch wenn diese Teilbereiche des Spiels mit dem Gegenstand einzeln erarbeitet werden müssen.

Es trinkt niemals irgendeine Person in einem undefinierten Raum aus einem Gefäß, sondern immer ein ganz konkreter Mensch, der vor und nach dem Trinken handeln und erleben wird, in einem ganz konkreten Raum, in einer ganz konkreten Situation, umgeben von ganz konkreten Menschen. Geschieht dieses pantomimische Spiel in einem Sprechstück, so wird vor und nach der Darstellung des Trinkgefäßes auch noch ein konkreter Text hinzukommen, der seinerseits all die Komponenten, die bisher das Spiel mit dem Trinkgefäß bestimmten, zusätzlich beeinflussen wird.

Ein Beispiel: Der Darsteller betritt die Bühne. Durch sein Spiel zeigt er, ob er sich zu Hause, in einem Lokal, bei Freunden oder im Freien befindet. Dieses Nachdenken über den Spielraum prägt selbstverständlich auch sein Spiel mit dem imaginären Gegenstand, hier nun mit einem Becher. Es sind Leute um ihn herum. Sind es Freunde, Kollegen, Feinde? Oder ist er allein? Welche Tageszeit? Ist er müde und durstig? Oder ist er unternehmungslustig?

Er sieht nun einen Stuhl und setzt sich. Er greift zum imaginären Trinkgefäß. Ist es bereits gefüllt, oder muß er es erst aus einem anderen Gefäß füllen?

Wird er dabei beobachtet, oder ist seine Handlung allen selbstverständlich und alltäglich?

Hat er Zeit, sein Trinkgefäß zu leeren, wer oder was drängt ihn?

Diese genauen Überlegungen gehen *jedem* Spiel mit einem Gegenstand voraus, nicht nur dem pantomimischen Spiel. Dieses Nachdenken über einen Gegenstand ist auch notwendig, wenn aus stilistischen Gründen in der Szene später der imaginäre Gegenstand durch einen realen ersetzt wird.

Aus diesem Nachdenken über den Gegenstand sollte jedoch nie ein zurechtgelegter Spielplan werden, von dem man nicht abweichen darf. Diese Spielweise würde in die Richtung des reproduktiven Spiels gehen und somit das ständige Neuschaffen, das kreative Körpertheater, verhindern. Ebenso ist auch die Technik der Pantomime nicht absolut vorrangig, wichtig ist, daß der Spieler sich an die Gegenstände, die er darstellt, erinnert und diese auch tatsächlich »sieht«.

Zur Erläuterung eine kleine Anekdote: Ich pflückte in einer Etüde Blumen. Die Technik, der Raum usw. stimmten. Dennoch war mein Lehrer nicht zufrieden. »Welche Farbe hat die Blume?« Zunächst lächelte ich ungläubig. Was soll die Farbe bei einem imaginären Gegenstand? Doch da kam der Hinweis: »Siehst du, das ist Pantomime. Wenn du die Farbe der Blume nicht siehst, sieht das Publikum keine Blume.«

Dieses Nachdenken über Gegenstände, Räume, Partner usw. sollte nicht nur der Pantomime üben und trainieren, sondern jeder Schauspieler, vom Profi bis zum Laienspieler. Denn es ist das Kernstück des Theaters überhaupt.

Das Spiel mit dem imaginären Gegenstand als Inszenierungshilfe

Es hat sich in meiner langen Erfahrung gezeigt, daß es auch für Sprechschauspieler eine gute Übung bedeutet, mit einem Requisit, das dann später real vorhanden ist, zunächst imaginär zu spielen. Diese Übungen fördern den genauen und funktionsgerechten Umgang mit Requisiten und ermöglichen es, daß auf der Bühne im Spiel aus einem *Ding* ein *Spielding* wird. Dann kann auch in einer »normalen« Szene der schwere Koffer leer bleiben und muß nicht zur Erinnerung des Schauspielers mit Steinen beschwert werden, die Bühnentür aus Pappe oder Sperrholz, mit Bühnenbohrern als Angeln, wird dann funktionsgerecht als schwere Eichentüre bewegt und schwingt dann auch nicht zum Gelächter des Publikums nach.

Die verschiedenen Requisiten liegen irgendwo im Bühnenraum herum, da sie, wenn sie zunächst imaginär sind, auch für die Mitspieler sichtbar werden müssen und nicht von der Natur der Sache her bereits gesehen werden. Die Zerbrechlichkeit und Zartheit von Glastieren – wie z. B. in der »Glasmenagerie« von *Tenessee Williams* – entsteht besser und genauer, wenn die Darstellerin der Laura zuerst pantomimisch mit ihren Kostbarkeiten spielt. Der Körperausdruck und die Beziehung zu diesen Traumgebilden werden klarer erarbeitet, als wenn die Spielerin zunächst nur acht gibt, die vom Requisiteur beschafften Gegenstände nicht kaputtzumachen. Eine sehr gute Übung ist es hier, wenn die Darstellerin der Laura zunächst ein imaginäres Regal, auf dem die Glastiere stehen, abstaubt, jedes einzelne Tier vom Regal nimmt, den Staub von den fragilen Geschöpfen bläst. Ein Szepter oder eine Krone, Symbole der Macht wie z. B. in »Macbeth«, sollten zuerst pantomimisch anprobiert werden – der Umgang mit der Macht, die blutig errungen wurde –, bevor man einen eventuell sogar kneifenden Ring aus Messing auf den Kopf setzt.

Ebenso sollten alle Kostüme zuerst pantomimisch »getragen« werden. Dazu werden aber in einem späteren Kapitel noch zahlreiche Übungen vorgeschlagen.

Der imaginäre Raum

Der Mime kennzeichnet den Raum durch seine Haltung, die er gegen den Raum einnimmt. Er denkt vorher über diesen Raum nach, der nun auf der Probebühne entstehen soll: Betritt er den Raum zum ersten Mal, oder kehrt er in seine »eigenen vier Wände« zurück? Geschieht diese Rückkehr nach einem normalen Arbeitstag, nach glücklich verlebten Ferien oder nach einer langen Abwesenheit, eventuell durch widrige Umstände bedingt? Entspricht der Raum seinen Gewohnheiten? Ein Weber aus der Zeit der Arbeiterunruhen des 19. Jahrhunderts, wie in dem gleichnamigen Stück »Die Weber« von *Hauptmann*, wird staunend, ehrfürchtig, aber zugleich mit einer Wut im Bauch die Wohnung des Fabrikanten Dreissiger betreten und betrachten. Dieser wiederum wird den niedrigen und stinkenden Raum, in dem eine ganze Weberfamilie haust, mit ganz anderen Gefühlen betreten.

Die perfekte Darstellung einer pantomimischen Wand oder des pantomimischen Gehens (direkte und indirekte Erschaffung des imaginären Raums) bedarf vieler Übung und benötigt, soll sie perfekt gelingen, auch die Korrektur und die Anleitung durch einen Pantomimenlehrer. Trotzdem sollte darauf hingewiesen werden, daß sich der Mime nie damit begnügen soll, eine Wand oder das Gehen »an sich« darzustellen. Es gibt – genau wie beim imaginären Gegenstand – keine Wand an sich, sondern immer nur eine ganz konkrete Wand in einem ganz bestimmten Raum: die warme Kachelwand eines alten Ofens in einer heimeligen Stube im Winter; die glatten Fliesen, die feucht sind vom Dunst des Wassers; die rauhe und mit vielen Zeichen beschriebene Wand eines Kerkers.

Das Spiel mit dem imaginären Raum als Inszenierungshilfe

Bereits mit dem Entwurf des Bühnenbildes, den alle am Stück beteiligten Schauspieler erhalten, wird jede Szene zwar zunächst mit angedeuteten Versatzstücken, pantomimisch aber bereits mit den tatsächlichen Möbeln, Wänden usw. geprobt. Die Schauspieler bewegen sich also bereits in einem ihnen bekannten Raum, wenn der Bühnenbildner seine Arbeit beendet hat, was ja meist nicht vor der ersten Hauptprobe der Fall ist. Die angedeuteten Seidentapeten an den Wänden sind im pantomimischen Spiel »echt« – d. h., der Darsteller bewegt sich in Bühnenräumen so, wie er dies in einem tatsächlichen Gemach, in einem Dom oder in einem Kerker tun würde. Die Pantomime bahnt hier stimmiges Spiel an und unterstützt es. Auch bei räumlichen Problemen kann im Sprechtheater die Technik der pantomimischen Darstellung des Raumes sehr nützlich sein: So ermöglichen imaginäres Gehen (Gehen auf der Stelle) oder imaginäre Wände und Türen, Treppen und Fenster einen einfacheren Kulissenbau oder machen Szenenwechsel mit Vorhang und Blackout unnötig. In diesen Fällen muß aber das Können der Spieler dem Wollen entsprechen, damit das Publikum nicht unversehens ins Raten kommt, was die Spieler da oben denn wohl treiben. Ebenso kann man, wenn die Konzeption des Stückes es verträgt, Türen, Wände und Torbögen von Spielern darstellen lassen: In einem Theaterstück suchte die Hauptdarstellerin in verschiedenen Antiquitätenläden nach einer irrtümlich verkauften Tabaksdose. Der Großteil des Stückes bestand aus dem sich mehrmals ergebenden Szenenwechsel: »Gehen auf der Straße und Betrachten der verschiedenen Passanten, Eintreten in ein Geschäft, erfolglose Suche und wieder Hinaustreten auf die Straße.« Wir lösten das Problem dadurch, daß zwei Mimen an der Bühnenrückwand ein Schild mit der Aufschrift »Antiquitäten – Ankauf – Verkauf« hochhielten und damit die Türpfosten darstellten. Während die Hauptdarstellerin nun pantomimisch auf der Stelle ging, kamen ihr Passanten (in normaler Gangart) entgegen oder überholten sie. Dieser Stilbruch war gewollt und verdeutlichte u. a. das »Treten auf der Stelle«. Während dieser Szene bewegten sich nun die Türpfosten unmerklich in Richtung Rampe, die Protagonistin öffnete die pantomimische Tür und trat in den Laden ein.

Wände von Menschen darstellen zu lassen ist keine Erfindung des modernen Theaters. Schon *Shakespeare* läßt im »Sommernachtstraum« einen der Handwerker sprechen:

> »In dem besagten Stück es sich zutragen tut,
> daß ich, Thomas Schnauz genannt, die Wand vorstelle gut ...
> Der Mörtel und der Leim und dieser Stein tut zeigen,
> daß ich bin diese Wand, ich wills euch nicht verschweigen.
> Und dies die Spalte ist, zur Linken und zur Rechten,
> wodurch die Buhler zwei sich täten wohl besprechen.«[16]

---

16 *William Shakespeare,* Ein Sommernachtstraum.

Sollten in einem Stück verschiedene Handlungsebenen gleichzeitig verdeutlicht werden, so ist die pantomimische Technik fast unumgänglich. *Thornton Wilder* schreibt in seinem Stück »Unsere kleine Stadt« sogar pantomimische »Kulissen« vor, um das Nebeneinander der verschiedenen Generationen deutlich zu machen. Ebenso habe ich im »Prozeß« nach *Kafka* die Irrealität der Handlung dadurch auszudrücken versucht, daß einige Szenen im realen Mobiliar des Büros von K., gleichzeitig aber der imaginäre Raum des Dachbodens oder des Büros von Kaufmann Block im gleichen Bühnenraum entstanden.

Die imaginäre Kraft

In diesem Bereich des pantomimischen Spiels ist es entscheidend, daß sich der Spieler stets des natürlichen Kraftaufwandes bewußt wird, den eine Spielaktion des Ziehens, Hebens, Schiebens oder Drückens eines Gegenstandes verlangt. »Diese Übungen stellen dem Schüler Probleme, die er lösen muß, um die vollkommene Beherrschung des Körpers zu erlangen, indem nämlich Fragen des Gleichgewichts, der Spannung und Entspannung auftreten. Er muß diesen Kraftaufwand in der Funktion des verlangten Ergebnisses abwägen, muß seine muskuläre Spannung lokalisieren. Durch peinlich genaue Beobachtung und die Analyse der natürlichen Bewegungen in ihrer Dynamik und ihrem Rhythmus muß er über die Wahrheit der menschlichen Geste ihre Form und ihren Stil finden.«[17]

Hilfestellungen zur Erarbeitung dieser Techniken geben die schon erwähnten Fachbücher über Pantomime. Um wenigstens die Grundlage für ein pantomimisches Spiel des Ziehens und Gezogenwerdens zu schaffen, sei kurz die sogenannte *Translation* beschrieben: »Hierunter ist eine Verschiebung eines Körperteils in eine festgelegte Richtung zu verstehen, wobei der jeweilige Körperteil während der Verschiebung senkrecht bleibt. Brusttranslation: Kopf, Oberkörper und Becken bilden eine gerade senkrechte Linie, Kopf und Becken behalten diese senkrechte Haltung bei, ohne in eine Kippbewegung auszuweichen, während sich der Brustkorb nach rechts oder links, nach hinten oder nach vorne verschiebt. In ähnlicher Weise können auch Kopf und Becken diese Translation ausführen«[18].

Diese Verschiebung kann nun überall dort eingesetzt werden, wo eine Krafteinwirkung auf den Spieler dargestellt werden soll: ein Zug an einem Seil, das er in der Hand hat, ein Tritt ins Gesäß ... Will der Darsteller nun zeigen, wie er sich gegen diesen Zug, Druck oder Stoß zur Wehr setzt – also aktiv wird –, so bringt er sein Becken (und damit seinen Körperschwerpunkt) gegen die zu überwindende Kraft und zeigt damit den Kontrapunkt der Bewegung auf, indem er z. B. beim Tauziehen seinen Brustkorb in die Gegenrichtung des angezeigten Zuges verschiebt.

---

17 *Jean Soubeyran*, Die wortlose Sprache.
18 *Werner Müller*, Pantomime.

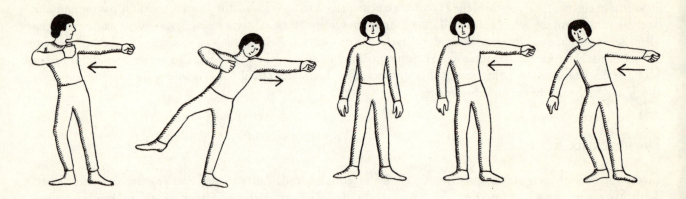

Das Spiel mit der imaginären Kraft als Inszenierungshilfe

Diese Technik des imaginären Kraftaufwandes erleichtert die Erarbeitung von Aktionsszenen auf der Bühne. Soll z. B. ein Spieler von einem anderen über die Bühne gezerrt werden und sich dabei wehren, so ist es günstiger, wenn er nur scheinbar aus dem Gleichgewicht gebracht wird, da er selbst das Gezogenwerden spielt. Wird er tatsächlich gezogen, so kann er den Zeitpunkt seiner Reaktion nicht präzise gestalten, was zu Ungenauigkeiten in der Darstellung führen kann.

Wie die Darstellung des pantomimischen Kraftaufwandes über das äußerlich stimmige Spiel, wie etwa das Schleppen eines schweren (tatsächlich aber leeren) Koffers oder das Öffnen einer klemmenden (tatsächlich aber funktionierenden) Tür, hinaus eingesetzt werden kann, soll nun an einigen Beispielen erläutert werden.

Eine Inszenierung von »Leonce und Lena« begann damit, daß auf der leeren Bühne eine Hantel lag. Nach und nach kamen nun Valerio, Prinz Leonce, König Popo mit seinem Hofstaat, Lena und Rosetta und hoben die Hantel, spielten damit, rollten sie umher und lehnten sich daran. Jede Person ging in der für sie charakteristischen Weise mit der Hantel um und stellte sich damit in einem stummen Spiel vor.

In einem Kinderstück, das sich an dem Märchen «Vom Schneider und dem Schmied« orientiert, übte ich mit den Darstellern das Aufheben von Gegenständen vom Boden und konnte damit einen Teil der Rollenbiographie erarbeiten: Für den Schmied waren Gegenstände von großem Gewicht kein Problem, während sich der Schneider abmühte. Hingegen war eine Nadel oder eine zarte Blume für die klobigen Finger des Schmieds ein schier unlösbares Problem.

In einer Adaption von *Gogols* »Mantel« lösten wir das Problem der verrinnenden Zeit und damit des Alterns des Akakij Akakiewitsch, der sich zeit seines Lebens einen Mantel wünscht, dadurch, daß die Figur nicht nur vom Körperschwerpunkt her alterte, sondern durch das immer wiederkehrende Hantieren mit einem Eimer. Akakij Akakiewitsch holte jeweils zu Beginn jeder der 16 Szenen im Büro einen Eimer Wasser vom Ausguß auf dem Flur. Nach und nach wurde ihm das Tragen des Eimers beschwerlich …

Die imaginäre Person

Wie beim imaginären Gegenstand kann der Mime durch ein Händeschütteln, durch einen Blickkontakt, durch eine angedeutete Umarmung Menschen um sich herum sichtbar machen.

Seine ausgestreckte Hand zeigt die Größe, sein Blick den Umfang, seine Haltung und sein Abstand zur imaginären Person seine Beziehung zu dieser.

Selbstverständlich ist es hierfür wichtig, daß der Mime vorher über diese Person »nachgedacht« hat und sie nun beim Spiel mit Leben erfüllt: Wie groß ist sie? Wie alt? Wie lange und wie gut kenne ich sie? Wie steht sie zu mir?

Das Spiel mit dem imaginären Partner als Inszenierungshilfe

Zuallererst ist es jedem Sprechschauspieler anzuraten, seinen Rollentext stets mit seinem imaginären Partner (der natürlich die Züge des tatsächlichen Rollenpartners trägt) zu erarbeiten und nicht nur den Text zu memorieren. Auf diese Weise eignet man sich nicht nur schneller Gänge und Reaktionen an, sondern »hört« auch die Antworten des Partners.

Eine gute Hilfestellung, um eine Rolle in den Griff zu bekommen, ist die Übung des »Beobachtet-Werdens«, d. h. ein Spiel mit imaginären Partnern.

Beispiel: »Woyzeck« von *Büchner*.
Ausgehend vom Text des Doktors, »Ich habs gesehn, Woyzeck; Er hat auf die Straß gepißt wie ein Hund!«, geht der Darsteller des Woyzeck auf die Straße hinunter und fühlt sich dabei beobachtet. Alle Leute, die er trifft, könnten vom Doktor bestellte Beobachter sein. Marie, die Freundin Woyzecks, hat diesen mit dem Tambourmajor betrogen; Woyzeck kommt zu ihr: »Ich seh nichts, man müßt sehen, man müßt greifen können mit den Fäusten . . .« Marie geht in der Übung nun von der Wohnung des Tambourmajors nach Hause, sie glaubt, jeder müßte ihre Untreue auf dem Gesicht lesen können . . .

Beispiel: »Richard III.« von *Shakespeare*.
Die Person des Gloster, »entstellt, verwahrlost, vor der Zeit gesandt in diese Welt des Atmens, halb kaum fertig gemacht und zwar so lahm und ungeziemend, daß Hunde bellen, hink ich wo vorbei«, dürfte kaum über die Erarbeitung eines monsterhaften Ganges zu bewältigen sein. In der Übung »Beobachtet-Werden« mußte der Darsteller zuerst den Gastgeber einer Party spielen, unter deren Gästen ein buckliger, mißgestalteter Mensch war. Er sollte den Gast unauffällig beobachten und sich dann selbst beim Beobachten ertappt fühlen. Dann sollte der Spieler selbst den Buckligen auf einer Party spielen und auf Mitleid, Abscheu und unverhohlenes Begaffen der imaginären Partner reagieren. Schließlich flüchtet er von der Party und begibt sich nach Hause. Auf dem Weg trifft er verschiedene Leute, ein Liebespaar, eine Prostituierte, einige Zecher.

Beispiel: »Romeo und Julia« von *Shakespeare*.
Um die von Pubertätsschwierigkeiten und erwachender Sexualität bestimmten Haltungs- und Handlungsweisen der beiden Hauptfiguren – wenn man die Schauspielschule geschafft hat, ist man schon fast zu alt für Romeo und

Julia – herauszuarbeiten, schwärmten Romeo oder Julia bei einem Sonnenuntergang über ihre Liebe und fühlten sich plötzlich von einer Person, die zufällig Zeuge des Selbstgesprächs wurde, ertappt. In einer Variation dieser Übung schwärmten nun jeweils die Spieler mit dem gleichen Text, wobei ihnen aber bewußt war, daß die Amme, der Vater, Mercutio oder gar Romeo oder Julia zuhörten: sie schwärmten sozusagen für einen Adressaten.

Insgesamt sollte man die für eine Szene zentralen Tätigkeiten, wie z. B. die Unterschrift unter einen Brief, das Lesen eines Briefes, das Trinken aus einem Becher und vieles andere, mit der Übung »Ich-werde-beobachtet« erarbeiten und damit eingrenzen. Es ist eben ein Unterschied, ob ich allein im Zimmer bin und einen Brief lese oder ob mir neugierig meine Schwester zuguckt, ob ein König schnell einen Brief unterzeichnet, wobei ihm der Sekretär über die Schultern schaut, oder ob er demonstrativ im Beisein des gesamten Kronrates seinen Namen unter ein Todesurteil setzt.

Wichtig ist, daß die Hilfestellung zunächst durch die Phantasie des Darstellers geschieht, der durch sein pantomimisches Spiel und durch sein Reagieren auf die imaginären Personen im Raum seine Tätigkeiten eingrenzt und damit genau und stimmig macht und erst zum späteren Zeitpunkt durch Anweisungen des Regisseurs, durch Diskussionen und durch Spielimpulse der Mitspieler ergänzt.

Man könnte noch viele Beispiele der Pantomimentechnik als Inszenierungshilfe oder Gestaltungsmöglichkeit anführen: von der berühmten Sturmszene in »König Lear«, in der die Spieler gegen den Wind laufen, bis zum »Essen mit leerem Teller«, weil reale Speisen stören würden. Wichtig ist jedoch, daß der Einsatz der Pantomime im »normalen« Sprechtheater niemals sichtbar werden oder gar im Vordergrund stehen darf. Pantomime darf außerhalb eines pantomimischen Stückes oder Mimodrams nur als »Dienerin« eingesetzt werden, so daß der Zuschauer auf die Frage, wie er denn die Pantomime beurteile, nur antworten wird: »Ich habe nur ein gutes Stück gesehen.«

Überwiegt die Pantomime oder wird sie sichtbar, entsteht leicht der Eindruck des Vorzeigenwollens im Sinne des »Das können wir auch noch«, es können Stilbrüche entstehen oder gar eine Teilung des Ensembles in Körperspieler und Sprechspieler.

Wie schon in den einleitenden Bemerkungen herausgestellt wurde, ist Pantomime ein Teil des Körpertheaters. Pantomime ist ohne Bewegungsschwerpunkte und ohne emotionelle Haltung des Körpers eine tote seelenlose Technik.

Körpertheater wiederum ist nicht möglich ohne Grundkenntnisse der Pantomimentechnik.

Der Schwerpunkt der Bewegung

Jede Bewegung eines Körpers – egal ob menschlicher oder tierischer, ob abstrakter Körper, wie z. B. »die Freude«, oder elementarer Körper, wie »Wasser« – geht von dessen Schwerpunkt aus und kehrt dorthin zurück. Der ideale Körper ist in dieser Hinsicht die Marionette.

»Jede Bewegung, sagte er, hätte einen Schwerpunkt; es wäre genug, diesen in dem Inneren der Figur zu regieren; die Glieder, welche nichts wären als reine Pendel, folgten, ohne ein Zutun, auf eine mechanische Weise von selbst ... Und der Vorteil, den diese Puppe vor lebendigen Tänzern voraushaben würde? Zuvörderst ein negativer, nämlich dieser, daß sie sich niemals *zierte*. Denn Ziererei erscheint, wie sie wissen, wenn sich die Seele (vis motrix) in irgendeinem anderen Punkt befindet als in dem Schwerpunkt der Bewegung ... befindet sich die Seele im Schwerpunkt der Bewegung, so sind alle übrigen Glieder, was sie sein sollen, tot, reine Pendel und folgen dem bloßen Gesetz der Schwere; eine vortreffliche Eigenschaft, die man vergebens bei einem Großteil unserer Tänzer sucht...«[19]

Jede Bewegung, jede spielerische Aktion muß der Mime vom Ursprung her entstehen lassen, er muß versuchen, im Schwerpunkt der jeweiligen Bewegung, im Schwerpunkt der Person, die er darstellt, zu bleiben und zu agieren.

Im Körpertheater gibt und darf es keine Schablonen, kein »man« geben. Jede Aktion ist im Grunde unwiederholbar. Will der Mime dieselbe Bewegung, dieselbe Aktion oder denselben Satz nochmals gestalten, so muß er neu darüber nachdenken und den Schwerpunkt suchen. Hier sei der bereits oben zitierte Aufsatz von *Kleist* weitergeführt: »... Ich sagte, daß ich gar wohl wüßte, welche Unordnung in der natürlichen Grazie eines Menschen das Bewußtsein anrichtet: Ich badete mich, vor etwa drei Jahren mit einem jungen Mann, über dessen Bildung damals eine wunderbare Anmut verbreitet war ... Es traf sich, daß wir kurz zuvor in Paris den Jüngling gesehen hatten, der sich einen Splitter aus dem Fuß zieht; der Abguß dieser Statue ist bekannt und befindet sich in den meisten deutschen Sammlungen. Ein Blick, den der junge Mann in dem Augenblick, da er den Fuß auf einen Schemel setzte, um ihn abzutrocknen, in einen großen Spiegel warf, erinnerte ihn daran; er lächelte und sagte mir, welche Entdeckung er gemacht habe. In der Tat hatte ich in eben diesem Augenblick dieselben gemacht. Doch sei es, um die Sicherheit der Grazie, die ihm beiwohnte, zu prüfen, sei es, um seiner Eitelkeit ein wenig heilsam zu begegnen, ich lachte und erwiderte – er sähe wohl Geister! Er errötete und hob den Fuß zum zweiten Mal, um es mir zu zeigen; doch der Versuch, wie es sich leicht hätte voraussehen lassen, mißglückte. Er hob den Fuß verwirrt zum dritten und vierten, er hob ihn wohl noch zehnmal: umsonst! er war außerstande, dieselbe Bewegung wieder hervorzubringen – was sag ich? die Bewegungen, die er machte, hatten ein so komisches Element, daß ich Mühe hatte, das Gelächter zurückzuhalten.«[20]

Natürlich mußte die Grazie verschwinden und einer gewissen Lächerlichkeit weichen: Einer, der sich den Fuß abtrocknet und dabei graziös wirkt, hat einen anderen Bewegungsschwerpunkt als einer, der sich den Fuß abtrocknet und dabei zeigen will, wie graziös er das tut.

Die »bewegende Kraft«, die »vis motrix«, eben die Seele der Bewegung, muß sich immer im Schwerpunkt der Bewegung befinden. Diese Tatsache bedeutet nun nicht, daß Körpertheater eine Sache von genialen Menschen ist,

---

19 *Heinrich von Kleist*, Über das Marionettentheater.
20 *Heinrich von Kleist*, Über das Marionettentheater.

die selbstverständlich und immer den richtigen Schwerpunkt treffen, deren Gedanken auf der Bühne nie außerhalb ihres Tuns sind. Man muß sich im Körpertheater die verschiedenen Schwerpunkte von Haltungen und Handlungen von Menschen, von Tieren, von Elementen, von Pflanzen usw. erarbeiten und sie in einer Art »Fundus« sammeln und sie stets verfügbar halten. Über erarbeitete Schwerpunkte verfügen heißt aber nun nicht, sie als Schablonen und Klischees sich wie tote Masken vor das Gesicht zu halten, sondern sich an sie zurückzuerinnern und sie in die stets neue, gerade erst entstehende Szene – jede Bewegung ist im Grunde unwiederholbar und daher auch die zehnmal wiederholte Szene immer wieder original – einzubauen. Jeder Mensch, jede Figur, die ein Dichter erdacht hat, jedes Tier, jedes abstrakte Ideal, jedes Element, jede Pflanze hat einen bestimmten Körperschwerpunkt in einer bestimmten Situation; ändert sich die Situation, so wird sich auch der Schwerpunkt mit ihr verändern. Es gilt also, im Körpertheater möglichst viele Schwerpunkte von Haltungen und Handlungen von Menschen, Tieren und Pflanzen in »seinem Fundus« zu sammeln und sie so in die Improvisation oder festgelegte Szene einzubringen, daß stets die Hauptforderung des Körpertheaters erfüllt bleibt: »Nicht du tust etwas, sondern bringe den Körper in eine Lage, und es geschieht von ganz allein.«

»... Wir sehen also, daß in dem Maße, als in der organischen Welt die Reflexion dunkler und schwächer wird, die Grazie darin immer strahlender und herrschender hervortritt. – Doch so, wie sich der Durchschnitt zweier Linien, auf der einen Seite eines Punktes, nach dem Durchgang durch das Unendliche, plötzlich wieder auf der anderen Seite einfindet, oder das Bild des Hohlspiegels, nachdem es sich in das Unendliche entfernt hat, plötzlich wieder dicht vor uns tritt: so findet sich auch, wenn die Erkenntnis gleichsam durch ein Unendliches gegangen ist, die Grazie wieder ein; so, daß sie, zu gleicher Zeit, in demjenigen menschlichen Körperbau am reinsten erscheint, der entweder gar keins oder ein unendliches Bewußtsein hat, d. h. in dem Gliedermann oder in dem Gott. Mithin sagte ich ein wenig zerstreut, müßten wir wieder vom Baum der Erkenntnis essen, um in den Stand der Unschuld zurückzufallen?

Allerdings antwortete er; das ist das letzte Kapitel von der Geschichte der Welt.«[21]

Nun, da kein Schauspieler ein Gliedermann, eine Marionette sein kann und darf und da uns allen verwehrt ist, wieder vom Baum der Erkenntnis zu essen, bleibt dem Körpertheaterspieler nichts anderes, als durch ständiges Training, durch die Beobachtung von sich selbst und anderen und durch stetes Aufsuchen der verschiedensten Haltungs- und Bewegungsschwerpunkte »seine Erkenntnis gleichsam durch ein Unendliches gehen zu lassen, bis sich die Grazie wieder einstellt«.

Das Training hierin befähigt einen Darsteller und einen Regisseur, die vom Autor eines Stückes geschriebenen Texte, die vorgegebenen Improvisationen nicht nur »nach Partitur herunterzuspielen«: »Man muß Helden nicht dadurch charakterisieren, daß man sie niemals erschrocken, Feiglinge dadurch, daß man sie niemals mutig sein läßt, und so weiter. Ist eine Situation zu zeigen, die den Helden tapfer zeigt, so kann der Schauspieler um der Tapferkeit, die er aus der pünktlichen Ausführung aller genußvollen Gesten schöpft, welche aus der bequemsten Haltung zu den vorgeschriebenen Sätzen kommen, einen anderen, vom Dichter nicht gewünschten Akzent verleihen. Nebenbei in einem kleinen eingefügten pantomimischen Zug, einer geschickten gestischen Auslegung eines vorhandenen Satzes

---

21 Ebenda.

die Grausamkeit des Helden gegen seinen Knecht schildern. Der Treue eines Mannes kann er den Geiz gesellen, der Selbstsucht einen weisheitsvollen, der Freiheitsliebe einen beschränkten Charakter verleihen.«[22]

Wir haben schon an anderer Stelle festgestellt, daß jedem gesprochenen Wort, jeder pantomimischen Geste oder Handlung eine körperliche Haltung oder Handlung vorausgeht und nachfolgt. Unterbleiben diese zusätzlichen und unentbehrlichen Haltungen und Handlungen, so bleibt auch der Darsteller auf der Bühne eine auf Regieanweisungen reagierende und auf Stichwort textproduzierende, »papierne« leblose Figur.

». . . Jede große schauspielerische Leistung besteht in den Mischtönen. Ein Schauspieler ist um so reicher, je stärker instrumentiert die Färbung seines Spiels ist und je widersprechendere Dinge er in sein Wort zu bannen vermag. Da fast alle Geschehnisse unterhalb des Begreifens sich abspielen, müssen Geste und Anlaß meistens divergieren. (Pfeife ausklopfen, Salzfaß rücken, Hände abtrocknen bei den wichtigsten Sätzen.)

Decken sich Geste und Wort im Sinne des zu Erklärenden, so nähert sich das Spiel dem Dozieren. Die Spannung wird um so ergründlicher, je mehr beide divergieren . . .«[23]

---

[22] *Bertolt Brecht*, Über den Beruf des Schauspielers.
[23] *Erich Engel*, Schriften über Film und Theater.

Die Darstellung der Emotion: Der Solarplexus

Wenn ein Schauspieler, ein Pantomime, ein Tänzer auf der Bühne steht und diese »füllt«, auch wenn er im Moment keine Aktionen ausführt, sondern eben »nur da ist«, so sprechen wir von der Ausstrahlung des Mimen.

Diese Ausstrahlung ist nur zum geringsten Teil Talent, das dem Schauspieler in die Wiege gelegt wurde, sie ist erlernbar und vor allem übbar.

Wir haben bereits vorhin festgestellt, daß jede Bewegung, jede Aktion und damit auch jede Gefühlsregung vom dynamischen Mittelpunkt des Körpers ausgeht.

Jeder sich natürlich bewegende Mensch – dies erleben wir besonders bei Kindern – öffnet sich von diesem Punkt aus für andere. Wir geben instinktiv unser Sonnengeflecht (= Solarplexus) – sozusagen den Punkt, in dem unsere Nervenbahnen zusammenlaufen, wo wir am verletzlichsten sind – dem Gegenüber preis, um ihm zu zeigen: »Schau her, ich vertraue dir, ich habe keine Angst.« Ebenso instinktiv versuchen wir, unseren Solarplexus zu schützen, wenn wir uns angegriffen fühlen; der Körper zieht sich um diesen Punkt zusammen. Wenn wir Kräfte sammeln, uns konzentrieren, so versammeln wir den Körper um diesen Punkt und machen ihn zum Mittelpunkt.

All diese Bewegungen unseres Mittelpunktes sind auch in unsere Sprache eingegangen und bezeichnen mit klaren Bildern unsere Emotion: Wir sprechen »offen« mit einem Freund; wir bezeichnen einen Menschen als »verschlossen«, weil er sich niemandem »öffnen«, d. h. anvertrauen will. Wenn wir erschrecken, »fahren wir zusammen«; uns wird »flau in der Magengrube«, wenn es uns schlecht geht, und »uns krampft sich alles zusammen«; wir »konzentrieren uns«, d. h. wir sammeln uns im Mittelpunkt. Wir fühlen »Schmetterlinge im Bauch«, wenn wir Lampenfieber haben, und »reden aus dem hohlen Bauch«, wenn wir etwas nicht genau wissen.

In der Antike wurde als Sitz der Seele das Zwerchfell angenommen. Die vier Temperamente hatten dort ihren Sitz: das Blut, die Galle, der Schleim. Erst das christliche Abendland unter dem Einfluß der Schriften des *Aristoteles* und der Kirchenlehrer verlegten den Sitz der Seele aus den »unteren« Regionen in das »Herz«. Dies jedoch ist typisch westeuropäisch: Ein Europäer »lacht aus vollem Halse«, während ein Japaner dies »aus vollem Bauche« tut. Trotz aller Sprachregelungen – wenn wir in einer Schrecksekunde instinktiv handeln, d. h. ohne Einsatz der Ratio, nur reagierend – sind wir stets bestrebt, diesen Mittelpunkt zu schützen; wenn wir verliebt sind, so spüren wir das »im Bauch«, auch wenn wir »Herz« auf »Liebesschmerz« reimen.

Für den Darsteller des Körpertheaters soll die Forderung gelten, weniger mit dem Kopf, d. h. mit der Ratio, dafür mehr »aus dem Bauche heraus« zu spielen. Die Emotionen sind in ihrem körperlichen Ausdruck zu lokalisieren und zu erarbeiten, um sich ähnlich wie bei den Bewegungsschwerpunkten einen »Fundus« anzuschaffen, der zwar Gemütsbewegungen nicht verfügbar und wiederholbar macht, der aber Hilfen zur Darstellung und Sichtbarmachung von Gemütsbewegungen gibt – unabhängig von der privaten Emotion des Darstellers. Auch hier gilt der Satz: Nicht du tust etwas, bringe den Körper in eine Lage, und es geschieht von selbst.

Um diese Funktion der Körpermitte zu verdeutlichen, soll nun folgendes »Gedankengebäude« als Hilfe für Körperschauspieler errichtet werden[24]: »Der Solarplexus – unsere Körpermitte – ist sich als ein Gummiball in unserem

---

24 Zitiert aus: *Werner Müller*, Pantomime.

Der Solarplexus

Körper auf Höhe des Nabels vorzustellen. Dieser vorgestellte Ball führt nun hauptsächlich vier Bewegungen aus:
- Er bewegt sich nach vorn und zieht den Körper mit sich, wenn wir freudig einen alten Bekannten begrüßen, wenn wir unsere Liebste umarmen. Er kann sich aber auch aggressiv nach vorne werfen, wenn sich unsere Angst in Wut und Angriffslust gewandelt hat, wenn sich die Kraft für einen Anlauf zum Sprung gesammelt hat bzw. wenn wir durch Imponiergehabe drohen und einschüchtern wollen.
- Er bewegt sich waagrecht nach hinten und hindert uns an der Vorwärtsbewegung wie ein Seil, das an unserem Rücken befestigt ist und nach hinten zieht, wenn wir vorsichtig und schüchtern uns einem fremden Menschen nähern, wenn wir beim Ringkampf auf die Angriffe und Finten des Gegners warten, wenn wir angsterfüllt vor etwas Schrecklichem zurückweichen.
- Er dehnt sich aus und kann unendlich groß werden, so daß wir uns schwebend und schwerelos vorkommen. Dies geschieht, wenn wir uns über etwas freuen, wenn wir glücklich sind und die Welt anstaunen, wie es ein kleines Kind tut.
- Er zieht sich zusammen und wird unendlich klein, als wolle er sich verkriechen und den ganzen Körper mit sich ziehen, wenn wir traurig sind, wenn wir enttäuscht sind, wenn wir uns verlassen vorkommen.«

Es könnten hier noch viele Beispiele angeführt werden, und diese werden dann noch durch eine Unzahl von »Mischbewegungen« dieses Gummiballes, der den Solarplexus vertritt, vermehrt. Denn es wird – selbst bei der Darstellung von Typen – keine Darstellung von Emotionen so eingleisig und eindeutig verlaufen, wie sie oben beschrieben wurden. Diese Beschreibungen dienen der Übung, nicht der psychologischen Analyse von Rollen, geschweige denn von Mitmenschen.

In die Wut des Angriffs werden sich Vorsicht oder Angst mischen, in die schüchterne Zurückhaltung die stumme Bitte um Aufnahme. Ebenso wird zur Trauer die winzige Hoffnung kommen, die uns die Trauer ertragen läßt, und in die Darstellung von Glück wird sich das Wissen um dessen Vergänglichkeit mischen.

Nur bei der Darstellung von Kindern dürften Glück und Trauer in reiner Form auftreten, denn Kinder sind im Gegensatz zu den Erwachsenen noch nicht aus dem Paradies vertrieben. ». . . und der Cherub steht hinter uns, das Paradies ist verriegelt; wir müssen die Reise um die Welt antreten und sehen, ob es vielleicht von hinten irgendwo wieder offen ist . . .«[25]

Diese »Reise um die Welt« muß der Darsteller des Körpertheaters durch Training, Übung und Geschmeidigmachung des Solarplexus antreten. Dazu sollen die nun folgenden Übungen zu den Bewegungsschwerpunkten und zum Solarplexus dienen, verbunden mit der ständigen Beobachtung von sich selbst und seinen Mitmenschen, ». . . denn der Schauspieler versperre sich keiner Freude und keinem Schmerz. Er braucht diese Empfindungen für seine Arbeit, da er vor allem trachten muß, ein Mensch zu bleiben.«[26]

---

25 *Heinrich von Kleist*, Über das Marionettentheater.
26 *Bertolt Brecht*, Über den Beruf des Schauspielers.

Übungen und Etüden zum Haltungs- und Bewegungsschwerpunkt

Vorweg eine Bemerkung zu den nun folgenden Übungen: Bewegungs- und Haltungsschwerpunkte sind ebenso wie die Ausstrahlung des Solarplexus Teil der Körpersprache eines Menschen. Der Schauspieler des Körpertheaters sollte sich nun einen möglichst umfangreichen »Fundus« von Bewegungs- und Haltungsschwerpunkten anlegen, jedoch eine »Katalogisierung« vermeiden: Der Schauspieler gebraucht z. B. den Körperschwerpunkt »Erde«, um einen schwerfälligen Menschen darzustellen, jedoch ist nicht jeder Mensch, der diesen Körperschwerpunkt einnimmt, schwerfällig! Der Schauspieler sollte sich zwar durch Fachliteratur[27] über die allgemeine Körpersprache des Menschen informieren und mit offenen Augen – sich selbst und die Mitmenschen beobachtend – durch die Welt gehen, jedoch sollte er sich hüten, dieses Wissen außerhalb der Bühne psychologisierend auf seine Mitmenschen anzuwenden. Die nun angebotenen Übungen sind folglich als Hilfen für Schauspieler, nicht aber als Hilfe zur »psychologischen Analyse« der Mitmenschen zu verstehen!

Die vier Elemente

Als Übungsfolge, in deren Rahmen Haltungen und Körperschwerpunkte bewußtgemacht und damit in die Gestaltung von Rollen, Typen und Charakteren einbezogen werden, soll ein »Gedankengebäude« angeboten werden, dem die vier Elemente zugrunde liegen[28].

Das Element »ERDE«

Wenn ein Mensch »mit beiden Beinen auf der Erde steht«, wenn er sich als »standfest« oder »verwurzelt« erweist, so nennen wir ihn in der Umgangssprache einen »gestandenen Menschen«. All diese Beschreibungen aus der Umgangs- oder Hochsprache deuten auf den Körperschwerpunkt eines »erdigen« Menschen hin.

Die beiden Beine ruhen wie Säulen auf dem Boden, darüber das Becken, mit den Beinen ein Gewölbe bildend, das vom Zentrum als »Gewölbeschlußstein« vollendet wird.

Der Körper steht ruhig, unverrückbar wie ein Baum oder ein Fels, jedoch nicht starr und unbeweglich, sondern durchaus dynamisch, seine Kraft aus der Erde ziehend: wie

---

27 Wie z. B. *Samy Molcho*, Körpersprache.
28 Diese Übung wurde sinngemäß entnommen aus: Theater machen, Hrsg. *Giffei*. Beitrag *Werner Müller*, Körpertheater und Pantomime.

Die vier Elemente

der Riese aus der griechischen Sage, der unbesiegbar war, solange er Kontakt hatte mit seiner Mutter, der Erde.

Der Atemschwerpunkt des Körpers ist in dieser Haltung das Ausatmen, dadurch wird die Stimme fest und bestimmt. Nur der ausatmende Körper ist stark, deshalb ächzen oder schreien wir auch bei großer Kraftanstrengung. In dieser Haltung wird der Spieler nicht so schnell »umgeworfen«. Er steht »wie ein Fels in der Brandung«.

Das Element »LUFT«

Wir gehen von der Grundhaltung der Erde aus und stellen uns vor, ein Kragen aus einem leichten, luftundurchlässigen Material wird um unseren Hals und unsere Schultern gelegt. Darunter wird nun ein Treibgas, wie z. B. Helium, gepumpt: Unser Körper wird nun vom Nacken her gehoben, unsere Füße verlieren den festen Kontakt zum Boden, wir werden leicht und beginnen zu schweben, wir »fühlen uns wie auf Wolken«, wir werden »high«, wir »leben wie im Wolkenkuckucksheim«. Auch hier weist unser Sprachgebrauch auf den Körperschwerpunkt hin.

Unser Atemschwerpunkt ist das Einatmen, dadurch wird unsere Stimme kichernd und schwebend. Wir alle kennen das beselige, gicksende Reden und Kichern, wenn wir, durch einen Glückszustand oder aber auch durch mäßigen Alkoholgenuß beschwipst, »abgehoben haben«. Nur in dieser Haltung gelingt es uns, in Kopfstimme zu singen oder zu sprechen. Eben diese Stimme läßt uns beim Hören an »Engelschor oder Schweben im Weltraum« denken.

Das Element »WASSER«

Wieder ausgehend von der Grundhaltung des Schwerpunktes Erde, stellen wir uns vor, wir stehen bis zum Hals im Wasser eines Schwimmbeckens. Wir fühlen uns fast schwerelos. Wir spüren den Auftrieb, zugleich aber, daß unser Körper schwerer ist als das Element. Dies versetzt uns in einen Schwebezustand, der ähnlich dem der Luft, jedoch nicht emporgehoben fliegend, sondern verweilend, schwimmend ist.

Die Wellenbewegungen des Wassers gehen in unseren Körper über, er bewegt sich im Rhythmus des Elements von Auf und Ab, von zunehmender Flut und abnehmender Ebbe, und kann im Ausdruck von der sich leicht kräuselnden Welle bis zur gischtenden Brandung reichen.

Der Atemschwerpunkt ist das Ein- und Ausatmen im bewußten Wechsel von Abnehmen, kurzem Innehalten, Zunehmen und wieder Innehalten bis zum Ausatmen. Unsere Stimme wird dadurch wellenartig sanft oder aggressiv an- und abschwellend. Der Sprachduktus wird »einlullend« – jedes Wiegenlied, wie z. B. »Schlaf, Kindlein, schlaf«, folgt diesem Körperschwerpunkt – oder drohend anschwellend, wie z. B. »Paß bloß auf!« oder »Du mußt selbst wissen, was du da tust!« Der Schwerpunkt des Elements Wasser befindet sich in unserer Körpermitte, sendet von dort aus Wellen, die wieder zum Mittelpunkt zurückkehren.

Das Element »FEUER«

Wieder stehen wir gesammelt im Schwerpunkt Erde und beginnen nun ruckartig mit unserer Körpermitte zu atmen. Wir bewegen dabei das Zwerchfell und die Bauchdecke, der Atem wird wie das unruhige Flackern einer Kerze. Diese »hektische« Atmung breitet sich nun über den ganzen Körper aus: Wir können nicht mehr ruhig stehen, »die Glut verzehrt uns«, »Blitze schießen aus unseren Fingern«. Das Element Feuer hat uns ergriffen. Die Bewegungen des Körpers können

einschmeichelnd, leise glimmend, aber dennoch besitzergreifend, aber auch verzehrend sein. Der Körper ist unruhig, von Spannung getragen, die zwar stets und oft wechselt, jedoch nie ganz bis zur Entspannung – es sei denn, die Flamme ist erloschen. Auch hier verweist unser Sprachgebrauch in bildhafter Sprache auf dieses Element: »ein feuriger Liebhaber«, »Feuer im Blut haben«, »jemandem heiß machen« oder gar »Feuer unters Hinterteil legen«.

Darstellung des Elementes

Erde: Wir sind Bäume, die fest verwurzelt sind mit dem Boden. Diese Bäume gehen auf die Reise. Sie werden langsam ihre Wurzeln aus dem Boden ziehen, sie nach einem kleinen Schritt wieder der Erde überlassen...

Wir gehen durch eine Höhle, das Atmen fällt schwer, der Boden ist lehmig und schwer. Die Gestalt der Höhle zwingt uns zum Kriechen...

Wir sind Maulwürfe oder anderes in der Erde wohnendes Getier. Die Erde schützt und wärmt uns. Wir bauen eine Höhle und graben Gänge. Wenn wir an die Erdoberfläche kommen, sind wir geblendet...

Luft: Wir sind Blätter, die der Herbstwind von den Bäumen gerissen hat und der nun sein Spiel mit ihnen treibt; wir fallen taumelnd zu Boden, werden in Wirbeln wieder hochgerissen oder fallen sanft schwebend zu Boden...

Wir sind Vögel, die sich tragen lassen, schwebend mit leichtem Flügelschlag oder schwer kämpfend mit dem Sturm...

Wir gehen pantomimisch auf der Stelle gegen den Wind, der uns hindert am Vorwärtskommen und uns zurücktreibt...

Wasser: Wir gehen langsam in einen ruhigen Teich. Das Wasser steigt langsam an unserem Körper hoch, beginnt ihn zu tragen...

Wir sind eine Alge auf dem Meeresgrund, die Wellen erreichen uns noch nicht. Dann werden wir hochgehoben und von der Brandung ans Land gespült...

Wir sind Taucher, die schwebend, fast schwerelos die Unterwasserwelt bestaunen...

Feuer: Wir sind eine Kerze, die am Verlöschen ist...

Wir sind trockene Blätter im Wald. Eine Glasscherbe sammelt die Strahlen der Sonne und beginnt uns zu entzünden; zuerst nur glimmend, mit leicht sich kräuselnden Rauchwölkchen, dann Nahrung suchend und alles verzehrend...

Darstellung des Elementes – Gruppenübung

Erde: Wir sind weicher Boden und beginnen uns zu verfestigen. Wir werden hart und trotzen jeder Witterung ...
    Wir bauen aus unseren Körpern eine Mauer ...

Luft: Wir sind ein Bund Luftballons. Jeden von uns hält nur ein dünner Faden. Nach und nach reißen wir uns los und lassen uns vom Wind wegtreiben ...
    Wir sind Mitglieder einer Ballonfahrermannschaft. Wir steigen auf und fahren durch die Luft ...
    Wir sind Fallschirmspringer, die während des freien Falles einen Kreis zu schließen versuchen ...

Wasser: Jeder von uns ist ein Rinnsal, das sich seinen Weg sucht. Nach und nach vereinigen wir uns zum Bach, zum Fluß, zum Strom, bis wir alle ein großes Meer bilden ...
    Wir sind Fische, die sich zu einer Konferenz treffen ...

Feuer: Wir bilden zusammen einen noch ruhenden Vulkan. Im Inneren des Berges beginnt es zu rumoren, die Lava steigt empor, schließlich birst der Vulkan in einer mächtigen Explosion. Wir rinnen als Lavaströme zu Tal, alles entzündend, was wir erreichen ...
    Wir sind kleine Flammen, die sich vereinigen und schließlich zum Flächenbrand werden ...

Der Kampf der Elemente

Jeweils die Hälfte der Übungsgruppe stellt ein Element dar, das nun auf ein anderes trifft:
    Wasser umspült und untergräbt einen Damm, bis es diesen wegspült und überschwemmt ...
    Ein Sturm entlaubt Bäume und entwurzelt sie ...
    Ein Brand wird mit Wasser oder Sand gelöscht ...
    Ein Lagerfeuer wird zunächst mit Erde bedeckt, es glimmt weiter, und der Wind facht es neu an ...
    Wasser und Feuer treffen zusammen ...
    Der Sturm treibt und peitscht die Wellen ...
    Eine Feuersbrunst vernichtet ein Haus ...
    Wasser schleift einen eckigen Felsen glatt ...

Die bisher beschriebenen Übungen sollen zwar nonverbal, müssen aber nicht stumm ausgeführt werden. Laute und Töne, die aus dem Zentrum des jeweiligen Schwerpunktes kommen, erleichtern den Atem und verstärken die Bewegung.

In den nun folgenden Übungen werden die Schwerpunkte der Elemente auf Menschen übertragen. Hier wird die Sprache nun Notwendigkeit. Jedoch sollten die Darsteller nicht sofort und über die Ratio in den Text »einsteigen«, sondern diesen aus einem zunächst stummen Spiel entwickeln, aus dem Körperschwerpunkt, und aus der Haltung sozusagen »kommen lassen«. Dies gilt auch für festgelegte Texte von Stückeschreibern. Auch in pantomimischen Szenen – von der klassischen Form der Pantomime abgesehen – kann der Ton, die Stimme und das Wort, das aus dem Schwerpunkt heraus gestaltet wird, eine Bereicherung sein. ›Pantos mimos‹ heißt im griechischen nicht nur »der, der alles mimt«, sondern kann frei auch mit »der, der mit dem ganzen Körper mimt«, übersetzt werden... und dazu kann auch die Stimme gehören.

Die Elemente im Museum

In ein Museum kommen Besucher (die jeweils ein Element übernehmen), drängeln sich an der Kasse oder vor einer Sehenswürdigkeit:

Der Mann (Typ Erde), der von seiner kunstbeflissenen Ehefrau (Typ Feuer) zum Kunstgenuß verdonnert wurde...

Der allwissende Kunstkenner (Typ Wasser) hört abschätzig dem von seinem Wissen überzeugten Museumsführer (Typ Luft) zu...

Der Kummer gewohnte Aufseher (Typ Erde) drängt die Besucher zurück und ermahnt sie, nichts anzufassen, und wird dabei vom Besitzer der Leihgabe (Typ Feuer) beobachtet...

Man kann diese Übung auch auf ein einziges Kunstwerk beschränken: »Erde, Feuer, Wasser und Luft« stehen vor der Statue der Venus von Milo oder vor einem abstrakten Kunstwerk.

Verkehrsunfall

Die verschiedenen Typen reagieren zunächst auf den Vorfall, bilden neugierig einen Kreis und geben dann den Dazukommenden ihre nonverbalen oder verbalen Kommentare:

Der hektische Passant (Typ Feuer), der bedauert, daß es nur Blechschaden gab...

Der pensionierte Studienrat (Typ Luft), der umständlich dem leicht begriffsstutzigen – was es natürlich in Wirklichkeit nicht gibt – Polizisten (Typ Erde) den Vorfall erklärt...

Der Anwohner aus dem Parterre (Typ Wasser), der schon längst hat kommen sehen, daß es an dieser Kreuzung mal kracht...

Heiratsvermittlung

Im Büro einer Heiratsvermittlung treffen die Elemente aufeinander, suchen Kontakt oder sollen vermittelt werden:

Die Chefin des Büros (Typ Feuer) versucht, einem jungen Mann vom Lande (Typ Erde) einige »Ladenhüter« schmackhaft zu machen...

Ein »mit allen Wassern gewaschener« Vermittler auf Provision versucht, einem vergeistigten Ästheten (Typ Luft) eine Metzgerswitwe (Typ Erde) schmackhaft zu machen...

Die Urlaubsvertretung, ein Student, der Heiratsvermittlung furchtbar komisch findet (Typ Erde), wird von zwei heiratswütigen Damen (Luft und Feuer) bedrängt...

Im Aufzug

Menschen, die durch die verschiedenen Elemente geprägt sind, steigen in einen Aufzug. Da bleibt der Aufzug zwischen dem achten und neunten Stockwerk stehen:

Die vornehme Dame (Typ Feuer) bekommt sofort Platzangst; der Bürobote, der nach Stundenlohn bezahlt wird (Typ Erde), und die Hausfrau, die das Essen auf dem Herd stehen hat und trotzdem alles mit Humor nimmt (Typ Wasser), unterhalten sich, wann es weitergeht; das verliebte Paar (Typ Luft) merkt gar nicht, daß der Aufzug stehenblieb ...

Als Spielleiter ein Aufzugführer, der je nach Typ Hektik entfesselt, beruhigend wirkt oder fatalistisch auf Hilfe hofft ...

Im Wartezimmer

Ein Hypochonder (Typ Feuer), ein Still-vor-sich-hin-Leidender (Typ Erde), eine glückliche junge Frau, die Mutterfreuden entgegensieht (Typ Luft) und ein Geschäftsmann (Typ Wasser) warten auf den Beginn der Sprechstunde ...

Eine Sprechstundenhilfe hält die Patienten je nach Typ »bei Laune« ...

Verkaufsgespräche

Eine Vertreterin für Parfüm (Typ Luft) will an der Wohnungstür einer gehetzten Hausfrau (Typ Feuer) die Segnungen der Körperpflege schmackhaft machen ...

Eine Gemüsebäuerin auf dem Wochenmarkt (Typ Erde) will einer vornehmen Dame (Typ Wasser) etwas verkaufen ...

Ein cholerischer Kunde (Typ Feuer) beschwert sich in der Autowerkstatt bei einem stoischen Mechaniker (Typ Erde) über die schlampige Arbeit ...

Eine Polizeihosteß (Typ Luft) hat einen Parksünder erwischt (Typ Wasser), der den Strafzettel verhindern will ...

Ein Staubsaugervertreter (Typ Wasser) will einem schlampigen Junggesellen (Typ Erde) einen Staubsauger vorführen ...

Ein Gemüsegärtner (Typ Erde) und ein alternativer »Körneresser« (Typ Luft) unterhalten sich ...

Im Supermarkt

Ein Kassierer (Typ Erde) hockt wie angewurzelt hinter seiner Kasse und läßt sich weder durch den hektischen Chef (Typ Feuer) noch durch den eiligen Kunden (Typ Wasser) aus der Ruhe bringen ...

Ein Lehrling (Typ Erde) klebt Preisschilder auf die Ware, während ein Fischverkäufer (Typ Wasser) Fische aus dem Bassin holt und verarbeitet und sich dabei von der verbraucherbewußten Hausfrau (Typ Feuer) über die Qualität der Ware ausfragen läßt ...

Der Ehemann (Typ Erde), der ausnahmsweise für seine kranke Ehefrau einkauft, der junge Mann (Typ Luft), der für abendliches Tête-à-tête eingekauft hat, und der Ladendieb (Typ Feuer) stehen an der Kasse und werden dabei vom Kaufhausdetektiv (je nach Typ) beobachtet ...

Beim Fußballspiel

Alle Sportfans auf der Zuschauertribüne zeigen Begeisterung – jeder nach seinem Typ –, Enttäuschung oder Wut über die falsche Schiedsrichterentscheidung ...

Es beginnt eine Rauferei ...

Journalisten fragen – Politiker antworten

Bei dieser Übung haben die Spieler die Möglichkeit, in ihren Typen – die zunächst sich nicht an lebenden Politikern orientieren sollen – tatsächliche politische Fragen, aber auch absoluten Nonsens zu erörtern ...

Gestaltung der Elemente in literarischer Form

Zur Gestaltung der Elemente können die Elementarphantasien von *Christian Morgenstern* eine wichtige Hilfe sein: Wer unter den eben gemachten Vorüberlegungen über Körperschwerpunkt, Körperhaltung und fließenden Atem das Gedicht »Meeresbrandung« gestaltet, wird erleben, was es heißt, Körper, Atem und Stimme in Gleichklang zu bringen, und die Laut- und Wortmalerei dieses Kunstwerkes erst ganz begreifen.

Meeresbrandung

Warrrrrrrte nur ...
wie viel schon riß ich ab von dir
seit den Äonen unseres Kampfes –
warrrrrrrte nur ...
wie viele stolze Festen wird
mein Arm noch in die Tiefe ziehn –
warrrrrrrte nur ...
zurück und vor, zurück und vor –
und immer vor, mehr denn zurück –
warrrrrrrte nur ...

        und heute mild und morgen wild –
        doch nimmer schwach und immer wach –
        warrrrrrrte nur ...
        umsonst dein Dämmen, Rammen, Baun,
        dein Wehr zerfällt, ich habe Zeit –
        warrrrrrrte nur ...
        wenn der Mensch dich nicht mehr schützt –
        wer schützt, verloren Land, dich dann?
        warrrrrrrte nur ...
        mein Reich ist nicht von seiner Zeit:
        er stirbt, ich aber werde sein –
        warrrrrrrte nur ...
        und ich will nicht ruhn, bis daß du ganz
        in meinen Grund gerissen bist –
        warrrrrrrte nur ...
        bis deiner höchsten Firne Schnee
        von meinem Salz zerfressen schmilzt –
        warrrrrrrte nur ...
        und endlich nichts mehr ist als Ich
        und Ich und Ich und Ich und Ich –
        warrrrrrrte nur ...

Mit anderen Schwerpunkten der Elemente sind noch zu gestalten »Die Flamme« und »Windgespräch«[29].

Die sieben Todsünden

Hierbei handelt es sich nicht um einen theologischen Begriff – auch wenn die Figuren und die Ideen zu ihrer Darstellung den mittelalterlichen Mysterienspielen entnommen sind –, sondern um eine Übung zur Erweiterung des Fundus eines Körpertheaterspielers.

    Zur Erarbeitung von Rollen und als Inszenierungshilfe dürfte dieses Gedankengebäude die wichtigsten Etüden enthalten, denn gerade die »schlechten« Eigenschaften haben den deutlichsten körperlichen Ausdruck.

    Ausgehend von der Grundhaltung des Elementes Erde, sollen die einzelnen Körperschwerpunkte der verschiedenen Todsünden aktiviert werden. Jeder dieser Schwerpunkte hat sozusagen eine aktive und eine passive Erscheinungsform, je nachdem, ob der Solarplexus nach außen geöffnet oder verschlossen ist. Wir werden dabei Ähnlichkeiten zu den bereits bekannten Schwerpunkten der Elemente antreffen oder Überschneidungen. Aber dies

---

29 Entnommen der Jubiläumsausgabe in vier Bänden: *Christian Morgenstern*.

ist selbstverständlich, ja sogar notwendig. Zur Darstellung einer allegorischen Figur – also eines Typus – würde der alleinige Schwerpunkt der jeweiligen Todsünde genügen, während die Körper- und Bewegungsschwerpunkte einer Charakterfigur nicht nur davon, sondern von der gesamten Rollenbiographie, d. h. Alter und Gesellschaftsschicht der Person, Beweggründe und Herkunft und vieles andere, bestimmt und geformt werden.

Der Zorn

Das Trapez der Brust wölbt sich nach außen (wenn der Zorn aggressiv ist) oder nach innen (wenn der Solarplexus verschlossen ist). Die hochgezogenen Schultern und der aufgestellte Nacken streben auf den Grund des Zornes zu. Man versucht, durch breitgestellte Beine Standfestigkeit zu gewinnen, die Fäuste werden automatisch in dieser Haltung geballt. Der ganze Körper ist in Alarmbereitschaft, das Stimmvolumen ist bereit, die Wut herausbrüllen zu können.

Der Stolz

Der Körperschwerpunkt ist der Nacken, der nach oben gestreckt ist. In dieser Haltung heben wir unwillkürlich unsere Augenbrauen. Die Stimme ist schwebend – ähnlich dem Schwerpunkt des Elements Luft. Wir fühlen uns erhaben über die andern. Ist in dieser Haltung der Solarplexus verschlossen, so wirken wir arrogant und unnahbar – ein Korsett unterstützte in der Zeit des Absolutismus die Haltung der Adeligen, ebenso wurde der Nacken durch Zopf oder Perücke betont. Geht der Solarplexus geöffnet auf andere zu, so wirken wir eitel und wollen die Mitmenschen für uns einnehmen, sie zu unseren Bewunderern machen.

Der Neid

Der vorgestreckte Oberkörper, das gespannte Kinn und die aus dem Kopf tretenden Augen stellen fest, daß es den anderen viel besser geht als uns. Der Solarplexus öffnet sich aggressiv und beschimpft die Mitmenschen wegen ihres Reichtums oder ihres Glücks. Verschließt sich der Solarplexus, so resigniert der Neid und bejammert verbittert sein Schicksal. Die Stimme wird schneidend oder quäkend, die Luft zischt unkontrolliert durch die Stimmbänder. Verschränken wir in dieser Körperhaltung auch noch die Arme, so ergibt sich die typische »Fensterguckerhaltung«.

Der Geiz

Der Körperschwerpunkt ist hier der um den Mittelpunkt gewölbte Rumpf. Die Schultern sind hochgezogen, der Kopf sucht sich zwischen den Schultern zu verstecken, dabei schiebt sich das Kinn ebenso wie beim Neid nach vorne. Man will nichts preisgeben von sich. Der Solarplexus ist dabei fast stets verschlossen und öffnet sich nur zur Verteidigung des Eigentums. Die Haltung eines vor Kälte schlotternden Menschen entspricht dieser Geizhaltung. Man will die Wärme des Körpers behalten, die Stimme wird gequetscht, die Kiefer schlagen aufeinander.

Die sieben Todsünden

Die Völlerei

Der Bauch, der gefüllt ist oder schon wieder gefüllt werden will – angetrieben durch die Lust am Essen –, ist hier der Körperschwerpunkt. Er zieht den Körper gegen die Erde, macht ihn unbeweglich oder bequem. Schmeckt das Essen immer noch, »braucht man einen Schnaps zur Verdauung«, oder bejammert man, daß man »schon wieder essen muß, weil man den Gastgeber nicht kränken könne«, so ist der Solarplexus dem erwarteten Essen und Trinken zugewandt. Hat man den »Kragen endlich voll«, so verschließt sich der Solarplexus und gesteht höchstens noch mit zusammengekniffenen Lippen: »Ich glaube, ich muß kotzen.«

Die Faulheit

Bezeichnend für diese Todsünde ist es, daß der Schwerpunkt nach außerhalb des Körpers strebt, möglichst schnell der Ruhestellung auf ebener Erde zu. Der Hintern hängt sozusagen in den Kniekehlen, die Arme lasch am Körper, unfähig oder unwillig, eine Bewegung zu machen. Es ist der Körperschwerpunkt, in dem sich am leichtesten die Worte »Null Bock auf nix« zelebrieren lassen. Demonstrieren wir mit dieser Haltung Interesselosigkeit, so strebt der Solarplexus wenigstens andeutungsweise auf das Objekt unserer Mißbilligung zu. Ist uns alles egal, so versinkt auch der Solarplexus irgendwo zwischen den Kniekehlen.

Die Wollust

Selbstverständlich ist hier der Körperschwerpunkt der Unterleib, die Genitalien. Wir schieben den Unterkörper vor, wenn wir auf jemanden »scharf« sind, der Solarplexus versucht, sich zu öffnen, und zieht den Körper nach sich. Will man auf jemand Eindruck machen, ihn sozusagen »anmachen«, so zieht sich der Schwerpunkt zurück – einholend, einladend. Jede Pin-up-Pose beginnt mit dieser Körperhaltung und versucht uns sexuelles Interesse vorzuspiegeln. In dieser Haltung öffnen sich automatisch leicht die Lippen, wir befeuchten sie mit der Zunge. Das Wort »Machismo« läßt sich in der aggressiven Haltung am besten aussprechen, ebenso wie »klingende Namen«, wie z. B. Giacomo Casanova. Ebenso zieht man wie selbstverständlich den Körperschwerpunkt Wollust lasziv nach innen, wenn man den Schlager zitiert »Ich bin von Kopf bis Fuß auf Liebe eingestellt . . .«

Selbstverständlich sind die eben beschriebenen Schwerpunkte der Todsünden nur als Hilfe zur Darstellung zu verstehen, nicht als Darstellung an sich. Denn z. B. der »Macho« stellt nicht nur seinen Körperschwerpunkt aus, sondern versucht vielleicht gerade dadurch seine Unsicherheit zu verbergen, und die Prostituierte flüstert nicht nur in der »Täschchenschwenk-Pose« ihr klischeehaftes »Na Süßer!«, sondern hat vielleicht noch ein bißchen Hoffnung oder ist resigniert.

Diese Etüden verlocken zur klischeehaften Darstellung: es ist Aufgabe des Körpertheaters, dieser Verlockung zu widerstehen.

Man kann nun in verschiedenen Etüden die Todsünden in ähnlichen Zusammenhängen auftreten lassen wie die vorher beschriebenen Elemente: im Supermarkt, auf Partys, im Wartezimmer und auf der Straße.

Zusätzlich hier einige Etüden, die sich speziell mit dem Thema der menschlichen Schwächen und der Zerstörung durch Zorn, Stolz, Gewalt u. a. beschäftigen. Diese Szenen sollten pantomimisch, möglichst ohne Requisiten, erarbeitet werden.

Der Stolz, die Eitelkeit: Ein Meister des Schachspiels spielt mit einem Schüler und droht zu verlieren. Er schickt erbost den Schüler aus dem Raum und spielt nun gegen sich selbst – und gewinnt natürlich. Sein Stolz ist unbesiegbar.

Ein schönes Mädchen läßt sich von ihrer Dienerin ankleiden und betrachtet sich dabei wohlgefällig im Spiegel: die Personifizierung der Eitelkeit. Gleichzeitig behandelt es das Dienstmädchen arrogant und herablassend. Nun tauscht das Dienstmädchen die Spiegelfläche gegen ihr eigenes Bild oder gegen eine Totenkopfmaske aus.

Die Trägheit, die Faulheit: Ein Mensch sitzt auf einem Stuhl und verspürt Hunger. Aber er ist zu faul, um aufzustehen.

Die personifizierte Trägheit sitzt auf einem Balkon und beobachtet, wie zwei Menschen Streit beginnen. Sie drohen sich, sie prügeln sich, sie werfen mit Steinen aufeinander – der Träge läßt es zu. Als sie mit Gewehren aufeinander schießen und dabei in Deckung gehen, will der Träge alles sehen. Er erhebt sich gemütlich – und wird nun erschossen.

Der Geiz: Ein Mensch zählt sein Geld und freut sich darüber. Er vergräbt das Geld, hat nun keine Mittel, sich Nahrung zu kaufen. Er gräbt das Geld wieder aus, bringt es aber nicht über das Herz, sich von einem Teil seines Schatzes zu trennen. Er vergräbt die Truhe wieder und verhungert auf dem Schatz.

Zwei Menschen sitzen mit einigem Abstand voneinander. Der eine hat einen Krug Wasser, der andere ein Brot. Beide schauen neiderfüllt zum anderen. Doch keiner will etwas von sich hergeben. Der Mensch mit dem Wasser verhungert; der Mensch mit dem Brot würgt seine Speise hinunter und verdurstet schließlich.

Der Neid, die Mißgunst: Ein Bildhauer und sein Schüler modellieren in einer Werkstatt an ihren Kunstwerken. Es kommen einige Kunstkenner und Kritiker und bewundern das Werk des Schülers mehr als das des Meisters. Dieser zerstört »unabsichtlich« das Kunstwerk des Schülers.

Zwei Menschen stapeln (diese Szene verlangt selbstverständlich ausgefeilte Pantomimentechnik!) Podeste aufeinander und stellen sich darauf. Keiner von beiden kann es ertragen, daß der andere höher steht. Mit Podesten, Würfeln und schließlich mit Leitern versuchen sie sich den Rang abzulaufen, bis schließlich bei beiden der Turm instabil wird und einstürzt.

Der Zorn: Eine Frau kocht für ihren Mann und deckt den Tisch. Der Mann kommt, setzt sich und genießt das Essen. Doch da findet er ein Haar in der Suppe und beginnt zu toben.

Ein Mensch pflanzt Rosen und freut sich über die Blumenpracht. Er sitzt am Fenster und beobachtet, wie ein anderer vorbeigeht, eine Rose abpflückt und sie sich ins Knopfloch stecken will. Er gerät in Wut, rennt in seinen Garten, packt den Dieb und will ihn schlagen. Bei dieser Rauferei werden alle Rosen zertrampelt.

Die Völlerei, die Freßsucht: Schlacht am kalten Büfett: Man kämpft um den besten Platz, stiehlt sich die guten Happen von den Tellern ... kratzt verschüttete Delikatessen vom Boden ... das Chaos bricht aus.

Zwei Menschen sitzen fressend und prassend an einer reich gedeckten Tafel. Nun kommen zwei hungernde, schlechtgenährte Menschen hinzu, wollen mitessen oder wenigstens satt werden. Doch sie werden von den beiden Satten vertrieben. Die »Armen« lassen sich nicht vertreiben, die Satten sind zu satt, um sich zu wehren.

Die Wollust, die Geilheit: Ein Maler will ein Modell malen. Er verliebt sich in das Modell und will es »besitzen«. Er formt ihre Posen, ändert diese immer wieder und betatscht es dabei immer aufdringlicher, bis das Modell wegläuft.

Ein Mann schaut durch das kleine Fenster einer Peepshow auf ein Mädchen, das sich in aufreizenden Posen vor ihm räkelt. Er wartet auf das Mädchen, bis es dienstfrei hat, und will es nun »anmachen«. Doch die Frau weist ihn ab. Da nimmt er sich sein vermeintliches Recht.

Darstellung von Tieren

Selbstverständlich haben auch Tiere und Pflanzen einen für sie charakteristischen Körper- und Bewegungsschwerpunkt. Jedoch bedeutet die Darstellung von Tieren und anderen Lebewesen weder eine buchstäbliche noch eine realistische Nachahmung. Ein Mensch kann zwar auf seinen Knien herumrutschen, aber er wird nie wie ein Tier auf allen Vieren gehen können. Ebenso hat er keine Wurzeln wie die Pflanzen.

Es gibt nur zwei Möglichkeiten, Tiere oder Pflanzen darzustellen: mit Maske, Fell oder Kostüm die Assoziation von bestimmten Tieren oder Pflanzen beim Zuschauer zu erwecken oder das Nerven- und Bewegungszentrum eines Tieres oder einer Pflanze aufzusuchen und nun vom Bewegungs- und Haltungsschwerpunkt aus sich zu bewegen und zu sprechen. *Walt Disney* soll von seinen Synchronsprechern nicht verlangt haben »Singe wie ein Bär«, sondern »Singe das Lied so, wie ein Bär es singen würde, wenn er singen könnte!«

Natürlich brauchen wir Phantasie und Einfühlungsvermögen, um den »tierischen« oder »pflanzlichen« Schwerpunkt erahnen und vermitteln zu können. Oft hilft dabei eine kleine Zeichnung, die das Wesentliche betont. So ist z. B. bei einer Kuh der Bewegungs- und Haltungsschwerpunkt der dicke Bauch und das durchgebogene Rückgrat. Wir stellen uns vor, unser Bauch wird ganz schwer und biegt unser Rückgrat zum Hohlkreuz. Mit unserem Kopf tragen wir die Hörner, unser Hals wird faltig: Nun verändert sich auch unsere Gangart und unser Atem, unser Blick wird richtig »kuhwarm« und unsere Kiefer malen schon wie von selbst, und aus unserem Bauch dringt ein tiefes uriges »mmmuuhhhh«.

Der Haltungsschwerpunkt eines Affen ist der gedehnte runde Nacken, der den Kopf halslos auf den Schultern aufsitzen läßt. Dadurch »verlängern« sich die Arme, und die Beine werden bei vornüber geneigtem Gang »kürzer« und o-beinig. Unser Atem wird ruckartig, und die Zunge liegt schwer im Unterkiefer.

Darstellung von Tieren

Wenn sich ein Bär aufrichtet, so »rutscht« der Körperschwerpunkt in die Kniekehlen. In dieser Haltung haben unsere Pfoten viel Kraft und sind – auf Schulterhöhe gehalten – auch sehr beweglich; heben wir die Tatzen und machen »bitte-bitte«, so werden wir »tapsig« und schwerfällig. Auch das Brummen und Summen fällt uns leicht, und wir können uns sogar an das Lied von Balu, dem Bären aus dem Dschungelbuch, wagen und im schönsten Bärenbaß singen «Probier's mal mit Gemütlichkeit».

Es dürfte einem phantasievollen Körpertheaterspieler sicherlich nicht schwerfallen, noch viele andere Tiere und ihre Körperschwerpunkte zu erarbeiten. Diese Tierdarstellungen eignen sich nicht nur zur Nachahmung der bekannten Disneyfiguren, sondern sind auch für eine lebendige Erzählweise bei Märchen (so z. B. der Wolf, die Geißlein, die Schlange u. v. a.) und Fabeln (Löwe, Fuchs u. v. a.) unabdingbar.

Auch in vielen Gedichten lassen die Poeten Tiere sprechen. Oft erschließt sich dem Leser (der natürlich laut liest!) und dem Zuhörer der Sinngehalt des Gedichts erst ganz, wenn die Tiere in den besagten Gedichten auch im »richtigen« Körperschwerpunkt sprechen.

Als Beispiel und zur Übung einige Gedichte von *Christian Morgenstern*[30].

Gespräch einer Hausschnecke mit sich selbst

Soll i aus meim Hause raus?
Soll i aus meim Hause nit raus?
Einen Schritt raus?
Lieber nit raus?
Hausenitraus –
Hauseraus
Hausenitraus
Hausenaus
Rauserauserauserause . . .

(Die Schnecke verfängt sich in ihren eigenen Gedanken oder vielmehr diese gehen mit ihr dermaßen durch, daß sie die weitere Entscheidung der Frage verschieben muß.)

Nun spüren wir das Haus auf unserem Rücken, werden ganz rund und ziehen uns darin zurück. Wir legen die Ellbogen eng an den Körper, die Hände an die Stirn, so daß unsere Zeigefinger zu Fühlern werden. Unser Atem wird langsam und gepreßt, wir können in dieser Haltung nur noch sehr langsam und gepreßt sprechen . . . und lesen das obenstehende Gedicht nochmals.

Für das folgende Gedicht lastet auf unseren Schultern ein schwerer Panzer, wir müssen uns mit unseren Armen auf einer Tischplatte abstützen. Der Hals streckt sich, damit unser Kopf wenigstens etwas aus diesem Gehäuse herausschauen kann. Wir legen uns das Buch sehr nahe zu den Augen, denn wir sehen sehr schlecht, denn schließlich sind wir schon »eintausend Jahre alt . . .«

---

30 Entnommen aus: *Christian Morgenstern*, Jubiläumsausgabe in vier Bänden.

Darstellung von Tieren

Die Schildkrökröte

»Ich bin eintausend Jahre alt
und werde täglich älter;
der Gotenkönig Theobald
erzog mich im Behälter.

Seitdem ist mancherlei geschehn,
doch ich weiß nichts davon;
zur Zeit, da läßt für Geld mich sehn
ein Kaufmann zu Heilbronn.

Ich kenn nicht des Todes Bild
und nicht des Sterbens Nöte:
Ich bin die Schild – ich bin die Schild –
ich bin die Schild – krö – kröte«

Nun verlagern wir im Stehen das Körpergewicht auf die Zehenballen und werden im Körperschwerpunkt »Wasser« fast schwerelos. Die Ellbogen sind an den Körper gelegt, die Hände frei für die Bewegungen der Flossen. Unser Hals ist vorgestreckt, der runde Mund schnappt nach Luft und wir »rezitieren« das schönste Gedicht, das je ein Dichter für Körperschauspieler geschrieben hat[31]:

Fisches Nachtgesang

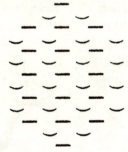

---

31 *Christian Morgenstern*, ebenda.

Körperschwerpunkte von Tieren als Inszenierungshilfe

Selbstverständlich sind die Bewegungsschwerpunkte von Tieren auch angebracht, wenn Tiermasken bei einem Theaterstück nicht eingesetzt werden können, weil auf die Mimik der »Tiere« nicht verzichtet werden kann. So verlegten wir uns bei einem Kinderstück nach dem Märchen »Die Bremer Stadtmusikanten« nach etlichen Versuchen mit Halbmasken, Schminke und charakteristischen Ohren ausschließlich auf Körperspiel. Die Tiere stellten sich jeweils den Kindern vor und schilderten ihren Tagesablauf. Dabei animierten sie die Kinder, ihnen »bei ihrer Arbeit zu helfen«. So übernahmen auch die kleinen Zuschauer den Bewegungsschwerpunkt von Esel, Hund, Katze und Hahn im Rahmen der Mitspielphase, und es gab kein Kind, das nur im geringsten daran zweifelte, daß Werner ein Esel und Evi eine Katze sei.

Aus den Erfahrungen dieses Kinderstückes achteten wir bereits zu Beginn der Proben für unsere Adaption von *Goethes* »Reineke Fuchs« auf die typischen Bewegungsschwerpunkte von Fuchs, Löwe, Dachs und den anderen, kleideten sie wie Menschen in für sie charakteristische Kostüme und konnten auf diese Weise die Fabel in unsere Zeit verlegen.

In *Shakespeares* »Ein Sommernachtstraum« erreichte ich dadurch, daß ich Zettels Verwandlung in einen Esel nicht durch Kostüm und Maske, sondern nur durch Bewegungsschwerpunkt (und damit auch Stimme) zeigte, die klarere Herausstellung des »Zauberwerkes«.

In einem Mimodram nach *Gogols* »Mantel« waren die Szenen im Büro zunächst noch etwas farblos, vor allem dadurch, daß sich die verschiedenen Abläufe ständig wiederholen mußten. Nun kamen wir auf die Idee, den Büroangestellten Körperschwerpunkte von Tieren beizugeben; d. h., die Schreiber, Büroboten und Chefs wurden nicht zu Tieren, sondern verdeutlichten ihren Charakter und ihre Handlungsabläufe durch bestimmte Haltungen und Laute, die wir Tieren zuordnen.

So wurde schließlich unser Büro von einer kurzsichtigen alten »Schildkröte«, die mit ruckartigen Kopfbewegungen alles beobachtete, von einer »Büroschlange«, die auch die Tadel des Chefs mit Hüftbewegungen kommentierte, von einem »Affen«, der mit langen Armen und stets willfährigen Verbeugungen die Akten von Schreibtisch zu Schreibtisch transportierte, und schließlich von einem »Storch«, der als Protegé des Chefs seine Mitarbeiter zur Arbeit anhielt, bevölkert. Über allen thronte der Chef, der als »arrogante Giraffe« alles überblickte.

Bewegungsschwerpunkte von Pflanzen

Es ist keineswegs widersinnig, bei Pflanzen von einem Bewegungsschwerpunkt zu sprechen. Zunächst kann das Aufblühen und Vergehen einer Pflanze dargestellt und empfunden werden, indem wir rhythmisch durch den Raum gehen und uns auf das Ein- und Ausatmen, auf das Fließen des Atems konzentrieren.

Wie bei einer Pflanze steigt beim Einatmen der Saft in den Füßen auf, breitet sich im ganzen Körper aus und erfüllt ihn mit Kraft. Er erreicht die Arme, die sich strecken und dehnen, sie springen auf wie eine Knospe, der ganze Körper erblüht und streckt sich der Sonne entgegen.

Dann spüren wir den kurzen Moment des Innehaltens, des Zenits, von dem aus der Abstieg beginnt. Beim Ausatmen welken dann die einzelnen Glieder und sterben nacheinander ab. Unser Gang verlangsamt sich, und wir spüren die Erstarrung des Winters und freuen uns, wenn das Atmen von neuem beginnt.

Die Wegwarte

Wie die Blume, in die der Sage nach das Mädchen verwandelt wurde, das treu auf den Liebsten wartete, steht der Darsteller. Die Füße werden Wurzeln, der Körper der Stengel, Hände und Kopf die Blüten. So streckt er sich der Sonne entgegen, biegt sich im Wind und schließt seine Blütenkrone, wenn die Nacht anbricht ... und wartet auf den Liebsten.

Die vier Jahreszeiten

Ein Baum erlebt die vier Jahreszeiten, er fühlt seine ersten Knospen, erblüht, steht in voller Frucht und wirft schließlich seine Blätter ab und erstarrt in der Winterkälte ...

Ein Saatkorn liegt im Boden. Es bricht mit seinem ersten Trieb durch die Erde, es ist noch kalt. Die Pflanze wächst und erblüht schließlich ...

Bewegungs- und Haltungsschwerpunkte nach historischen Gemälden und Darstellungen

Die bildlichen Darstellungen alter und neuer Meister geben für den Körpertheaterspieler viele Anregungen zur Gestaltung von Typen und Charakteren und für den Regisseur Inszenierungshilfen und choreographische Orientierung. Wer könnte von den genialen Bildern eines *Breughel*, eines *Bosch*, eines *Dürer* oder eines *Picasso* keine Anregungen erhalten?

So wurde z. B. bei einer Inszenierung von »Till Eulenspiegel unter den Blinden« von *Hans Sachs Breughel* zum »Choreographen und Bühnenbildner«: Die Bilder vom »Zug der Blinden«, vom »Schlaraffenland« und von der »Bauernhochzeit« wurden sowohl von Kostüm und Farbgebung als auch von der Bewegung her adaptiert. Wir stellten zunächst sogenannte »lebende Bilder«, entwickelten daraus improvisierte Szenen und gaben dann den Text des Stückes dazu.

Als Übung zum Körpertheater gibt allein das Bild »Kirmes« von *Pieter Breughel* (mit vielen Detailaufnahmen erzählt von *Josef Guggenmos* in Buchform)[32] oder die »Kinderspiele«[33] Stoff für viele Improvisationsszenen[34]. Man sollte sich eine kleine Sammlung von Kunstpostkarten zulegen; dies ist das billigste Material zu unerschöpflichen Anregungen zum Körpertheater! Ebenso sind Abbildungen von Altarbildern und geschnitzten Altären – wie z. B. der *Creglinger Altar*[35] – eine Fundgrube von bildgewordenen Charakteren.

»Das Narrenschiff« von *Sebastian Brant* liefert nicht nur erbauliche Texte »zu nutz und heylsamer ler / vermanung und ervolgung der wysheit, vernunfft und guter sytten«, sondern auch auf über hundert Holzschnitten Darstellungen von verschiedenen »Narren« in einer Klarheit der Körpersprache, die schon fast »Gebrauchsanweisung« für Körpertheater zu nennen ist: da gibt es den »Modenarr«, den »Geldnarren« und viele andere[36].

In ähnlicher Weise sind die drastischen Predigten des Barockhofpredigers *Abraham a Santa Clara* mit Beschreibungen des »Pfau«, des »Ehrabschneiders« und anderer menschlicher Schwächen und Sünden[37], besonders aber sein Werk »Hundert ausbündige Narren« mit ihren herrlichen Abbildungen eine Fundgrube für Körper- und Haltungsschwerpunkte.

Eine Spielart des mittelalterlichen Reihenspiels – ein Vorläufer des Fastnachtsspiels – ist der Morisken- oder Morischgentanz. Hier steht in der Mitte der tanzenden Personen Frau Venus, die nun die Mitspieler zum Wettbewerb um einen goldenen Apfel aufruft. Der größte Narr soll ihn erhalten:

> »Nun sagt, ir lieben nerrlein,
> als liep euch mug der apfel sein,
> und sagt uns do mit klugen siten,
> womit ir habt eur torheit erstriten,
> das man erkennen mug dobei,
> welcher der größte narre sei,
> und welcher hab nerrischer getan,
> dem gib ich den apfel zu lan.«[38]

---

32 *Pieter Breughel*, Die Kirmes.
33 *Pieter Breughel*, Die Kinderspiele.
34 *Pieter Breughel, Giovanni Gandini*, in: Große Maler in Bilderbüchern.
35 *Schaffert/Scheffler*, Der Creglinger Altar.
36 *Sebastian Brant*, Das Narrenschiff.
37 *A Santa Clara*, Blütenlese aus den Werken.
38 *Eckehard Catholy*, aus: Fastnachtsspiel.

Historische Gemälde und Darstellungen

Auch diese Typen der verschiedenen menschlichen Narrheiten – im Mittelalter werden menschliche Schwächen, Weltlichkeit und Genußsucht mit dem Narren gleichgesetzt – geben wunderbare Vorbilder für die Gestaltung von Typen und Charakteren. Eine Hilfe zur bildlichen Vorstellung gab *Erasmus Grasser*, der die Figuren des Moriskentanzes in Holz schnitzte. Sie sind heute in München zu bewundern. Eine Beschreibung und Bilder gibt die Buchausgabe der Werke von *Erasmus Grasser*[39].

Ein anderes Reihenspiel des Mittelalters ist der bekanntere »Totentanz«: »... so recht mit Lust hat doch erst das Mittelalter den Ideenkomplex von dem Tod als Tänzer gepflegt, um den Gläubigen die Erinnerung an die vier letzten Dinge nachdrücklich einzuprägen. Da mußte sich das Motiv, wie der Tod alle in seinen Reigen zwingt, ganz von selbst aufdrängen, und es ist mimisch, dramatisch, malerisch und plastisch häufig dargestellt worden...«[40]

Mit dem Tod in der Mitte des Reigens können nun der reiche Jüngling und das zarte junge Mädchen, der Kaufmann und der Gelehrte, der Soldat und der Junker, König, Bettelmann, Kind und Greis typenhaft vereinfacht und damit verdeutlicht in den Totentanz eintreten... »und alle bricht des Tod's Gewalt«.

Natürlich kann man auch ganz einfach nach Gemälden sogenannte »Lebende Bilder« nachstellen; allerdings nicht mit dem Ehrgeiz, möglichst detailgetreu in Kostüm und Requisiten zu sein, sondern nur nach dem Haltungs- und Bewegungsschwerpunkt. Inhalt einer Improvisation könnte nun die Frage sein: »Was haben die dargestellten Menschen kurz vor und nach dem Moment der Abbildung gesprochen und getan?« In einer Variation dieser Übung kann man auch jedes Foto aus Zeitungen und Illustrierten hernehmen.

Selbstverständlich verträgt auch die »hohe Kunst« eine scherzhafte Behandlung: In einer Pantomime stellten wir – große weiße Rahmen hingen vom Schnürboden, die Plastiken standen auf weißen Podesten – »*Museum*« dar. In unserem Museum waren alle berühmten Kunstwerke der Welt versammelt, dargestellt von Mimen. Da gab es die »Betenden Hände« (ein Mime streckte seine weißgeschminkten Hände in den Rahmen, war aber ansonsten noch sichtbar), die »Mona Lisa« lehnte im Rahmen und lächelte, der »Mann mit dem goldenen Helm« und *Picassos* »Frau«. Besucher gingen an den Kunstwerken bewundernd vorbei. Schließlich versperrte der Museumsdiener den Raum und löschte das Licht. Nun wurden alle Kunstwerke lebendig: Die Mona massierte sich ihr vom ewigen Lächeln verzerrtes Gesicht, der Goldhelmmann begann mit Picassos Frau zu flirten...

---

39 *Goldner/Bahnmüller*, Erasmus Grasser.
40 Zitiert aus: *Max von Boehn*, Der Tanz.

Allgemeine Übungen zum Körperschwerpunkt

Playback-Singen

In einer »Hitparade« treten die verschiedenen Typen der Sängerinnen und Sänger auf: der Aufreißer, der das Publikum sofort zum Klatschen animiert; die elegische Sängerin, die ihren Schmerz nicht für sich behalten kann; der Protestsänger mit dem Anliegen, die süße kleine Kokette, die sich vielleicht einen Cowboy als Mann wünscht; und der Volksliedbarde mit Heino-Image. Während der Schlager auf Band abläuft, »singt« der Darsteller mit dem Körper das Lied, wobei man zwar lippensynchron den Mund bewegen kann, aber auch der »Sänger« mit geschlossenen Lippen durchaus »kennzeichnend« sein kann.

Werbesprüche

Nach den sattsam bekannten Werbeslogans lassen sich sehr vergnügliche Improvisationen gestalten: Zwei Ehepartner (er ist Typ Erde – sie ist Typ Feuer) streiten sich nur mit dem Satz: »Triumph krönt die Figur« oder »etwas Warmes braucht der Mensch«.

Man kann aber auch aufmerksam in Werbesendungen den Schwerpunkt der jeweiligen Typen beobachten und sie nun durch entgegengesetzte Schwerpunkte ad absurdum führen: Ein Vertreter z. B. mit dem Schwerpunkt Erde versucht, einen Hausbesuch als Parfümverkäufer zu unternehmen; der »männliche« Mann einer Zigarettenreklame spricht seinen Text schwärmerisch im Schwerpunkt »Luft«, oder ein Mädchen spricht im Körperschwerpunkt »Wollust« den Reklamesatz »... nie war er so wertvoll wie heute ...«

Zweikampf im Dunkeln

Aus einem alten chinesischen Theaterstück stammt folgende Etüde: Ein Reisender kommt in ein verrufenes Gasthaus und nimmt Quartier. Kaum hat er sich ins Bett gelegt, dringt schon der Wirt ins Zimmer, um den Gast auszurauben. Die Kerze fällt um, und es beginnt nun ein Zweikampf im Dunkeln, d. h., die Darsteller spielen Dunkelheit. Hier kann nun nach vorhergehender Absprache oder in spontaner Improvisation nach Belieben der Schwerpunkt »Feuer«, »Zorn«, oder auch »Angst« und »Mut der Verzweiflung« angenommen werden.

Im Eisenbahnabteil

In ein Eisenbahnabteil steigen verschiedene Personen mit unterschiedlichen Körperschwerpunkten ein: der alte schwerfällige Mann, ein hilfloses junges Mädchen, ein »Casanova-Verschnitt«, der glaubt, alle Frauen liegen ihm zu Füßen, eine mütterliche alte Frau, usw. Diese Schwerpunkte können von den einzelnen Spielern selbst gewählt oder vom Spielleiter auf zu ziehenden Kärtchen festgelegt sein.

Allgemeine Übungen zum Körperschwerpunkt

Durch die Festlegung »Woher kommt der Zug?« und »Wohin fährt er?« ändert sich nun auch das Spiel: in einem Zug, der Flüchtlinge transportiert, der Strafgefangene in die Verbannung bringt, ein Vorortzug am Montag früh oder ein D-Zug, der die Reisenden zur Weihnachtsfeier nach Hause bringt.

Kleider machen Leute

Ein General in Uniform benimmt sich anders als in Badehose in der Sauna. Stellt sich ein Richter am FKK-Strand mit »Gestatten Amtsgerichtsrat Dr. Meier« vor, so wirkt er komisch, während der Schriftsteller *Kusz* bemerkt, daß das Feuer gar keinen Respekt hat, wenn es von Leuten ohne Uniform gelöscht wird[41]. Diese Szenen können mit realen Kostümen, noch reizvoller mit pantomimischen Klamotten, die durch An- und Ausziehen »sichtbar« werden, erarbeitet werden.

Löcher im Raum

Die ganze Gruppe bewegt sich nach Musik oder nach einem bestimmten Rhythmus im Raum. Mit Kreide oder durch Stühle sind Zonen im Raum gekennzeichnet, in denen, sobald man in diese eintritt, man lasch, ganz starr, roboterhaft, hektisch oder verspannt wird.

»Hast du Vaters Kragenknopf gesehen?«

Schon Generationen von Laienspielern haben sich an diesem Sketch ergötzt, der uns als Übung zum Körpertheater dienen kann: Ein bestimmter Satz (siehe oben) wird in den verschiedenen Arten der darstellenden Kunst als Szene gespielt: Kriminalstück, Oper, Operette, Tragödie, Komödie usw. Als Übung sollte man nicht nur von diesem Effekt ausgehen, sondern nun auch noch bestimmte Rollen genau festlegen.

In einer Ausweitung könnte man nun auch noch die Privatsphäre der Schauspieler mit in die Szene einbringen: Der Tenor und die Soubrette lieben sich, der Diener ist zu spät gekommen, der neue Intendant, bei dem man sich beworben hat, sitzt im Publikum, usw.

---

41 *Fitzgerald Kusz*, »Seid mei uhr nachm mond gaid«.

Körperschwerpunkte durch Lebensalter bedingt

Selbstverständlich beeinflussen Lebensalter und körperliche Erscheinungsformen, wie Müdigkeit oder Erschöpfung, ebenso den Bewegungsschwerpunkt eines Körpers wie die Emotion oder die Rollenbiographie. Auch der Tagesablauf spielt im Körpertheater eine große Rolle: Wenn ein Mensch gähnt, so ist dies nicht immer gleich. Man gähnt am Morgen – immer noch müde und unausgeschlafen – anders als in einer langweiligen Konferenz, bei der man natürlich Interesse heucheln muß, und wieder anders am Abend, wenn man schon wieder rechtschaffen müde ist. Besonders das »Altern« ist eine wichtige Etüde innerhalb der Übungen zum Körpertheater. Wenn ein Mensch altert – natürlich handelt es sich hierbei wieder um ein Gedankengebäude als Hilfe für Schauspieler, nicht um eine realistische Schilderung –, sinkt der Brustkorb vom Brustbein her nach innen, die Schultern hängen, wölbt sich die Bauchdecke nach außen (bei alten Männern gehen die Hosenträger oft über eine »Schlucht!«), streckt sich das Kinn nach vorne, um die Senkung des Kopfes, die durch das Einsinken der Brust entstanden ist, auszugleichen, knicken die Beine leicht ein. In dieser Haltung kann sich der Spieler nun nicht mehr auf die Schultern klopfen, da die Gelenke eingeschränkt sind. Ebenso wird er sich beim Hinsetzen auf einen Stuhl zuerst mit der Hand abstützen, usw.

In einer Etüde kann der Spieler nun den langsamen Alterungsprozeß darstellen, indem er eine Handlung (wie z. B. mit einem Eimer Wasser schöpfen) immer wiederholt und dabei altert.

Ebenso kann er während des Alterungsprozesses einen Satz oder Text wiederholen, wie z. B. den Wortlaut der Zehn Gebote.

Körperbaukasten

Geh wie ein vierzehnjähriges Mädchen – nun gehe wie ein vierzehnjähriges Mädchen, das eben einen Marilyn-Monroe-Film gesehen hat . . .

Geh wie ein junger dynamischer Mann – nun geh wie ein junger Mann, der eben einen Humphrey-Bogart-Film gesehen hat . . .

Gehe wie ein schüchterner ängstlicher Mann – nun setze dich auf einen Stuhl im Café wie ein schüchterner junger Mann, der in einem Buch gelesen hat, wie selbstbewußte Menschen sich verhalten . . .

Gehe wie ein alter Mann – nun tanze, wie ein alter Mann tanzt, der den jungen Leuten zeigen will, wie rüstig er noch ist . . .

Raritätenkabinett

Früher wurden auf den Jahrmärkten »Raritäten und Monster« ausgestellt und konnten gegen Geld besichtigt werden. Darauf ist die folgende Übung aufgebaut.

Alle Spieler laufen nach Musik oder einem bestimmten geklatschten Rhythmus im Raum umher. Nun ruft der Spielleiter die Attraktionen seines »Raritätenkabinetts« aus. Die Spieler stellen mit den jeweiligen Körperschwerpunkten aus dem Stegreif die genannten Figuren dar und gehen dabei weiter im Raum umher.

»Meine Damen und Herrn, treten Sie näher, staunen Sie, schauen Sie, so etwas haben Sie noch nie gesehen! Treten Sie näher! In unserer ersten Abteilung sehen Sie... den Maschinenmenschen, man weiß nicht, ist er ein menschlicher Roboter oder ein roboterhafter Mensch! In der nächsten Abteilung sehen Sie den Schlangenmenschen... den stärksten Mann, die stärkste Frau der Welt... den wilden Mann, die wilde Frau, sie lebten bis zum Mai des Vorjahres in einem Urwaldgebiet, das noch nie eines Menschen Fuß betreten hat... den Elektromenschen, Mister oder Missis 1000 Volt, von seinen Fingerspitzen gehen Blitze aus, kommen Sie ihm nicht zu nah, sonst werden Sie elektrisiert...

Natürlich sollte der Spielleiter dieser Übung auch den Schwerpunkt eines Marktschreiers einnehmen...

Wachsfigurenkabinett

Ein Teil der Spielgruppe stellt nach Anweisung oder in eigener Improvisation »Wachsfiguren« dar. Der andere Teil der Gruppe spielt Besucher, von denen jeder auch wieder einen bestimmten Schwerpunkt verkörpert (Neugierige, Träge, die zur Ausstellung mitgeschleppt wurden, Wissenschaftler usw.). Hierbei sollten natürlich nicht bekannte Persönlichkeiten, sondern möglichst allegorische Figuren, wie die sieben Todsünden, Sprichwörter und Szenen aus Märchen usw., dargestellt werden. Bei ungeübten Gruppen kann diese Übung durchaus noch als Ratespiel unternommen werden.

Übungen zum Solarplexus

Bei den nun folgenden Übungen sollte immer mit einem oder mehreren Partnern zusammengearbeitet werden, wobei einer der Szene zuschaut und dann Feedback gibt; d. h. er kritisiert nicht, er sagt nicht, ob es richtig oder falsch war, sondern er erzählt nur, was er gesehen hat. Bei diesen Übungen *kann* es nämlich kein »richtig« und kein »falsch« geben: Jede emotionale Haltung, die ein Spieler zu einem Ereignis, zu einer Person oder in einer Situation einnimmt, ist zunächst sein Angebot. Jeder Darsteller reagiert z. B. auf eine bestimmte Nachricht auf *seine* Weise.

Erst wenn es sich um festgelegte Rollen eines Stückes handelt, wird in der Diskussion zwischen Regisseur und Darsteller festgelegt werden müssen, ob dieses Angebot dem Gesamtcharakter und der Konzeption der Rollenfigur entspricht. Das Spiel mit dem Solarplexus ist – im Gegensatz zu den Körperschwerpunkten – »kleiner«. Um so mehr bedarf es der genauen sensiblen Darstellungsweise und sollte große Theatergesten vermeiden: Haareraufen ist nicht unbedingt ein Zeichen von Verzweiflung und reizt den Zuschauer mehr zum Lachen als zum Mitleiden, und ein »technischer« Lachanfall wirkt meist nicht komisch, sondern eher peinlich.

Hier sei *Josef Kainz*, der wohl berühmteste Schauspieler der Jahrhundertwende, zitiert, der gesagt haben soll: »Nicht der Schauspieler soll weinen, sondern das Publikum . . .«

Emotionales Verhältnis zum Raum

Jeder Mensch, der einen Raum betritt, hat zu diesem Raum ein bestimmtes Verhältnis: Es ist selbstverständlich, den Raum zu betreten, er ist fremd, unheimlich, mit Erinnerung versehen . . .
. . . einer geht offen in den Raum und sieht sich um.
. . . einer geht offen in den Raum, um diesen zu inspizieren. Hier gibt es wieder den Unterschied, ob es ein Museum, eine Kirche oder eine neue Wohnung ist, die er beziehen will.
. . . einer geht in einen Raum, der in ihm gute oder schlechte Erinnerungen wachruft, z. B. das alte Klassenzimmer, der Ballettsaal, die Kirche, in der man geheiratet hat (ist die Person immer noch glücklich verheiratet oder inzwischen geschieden?).
. . . einer geht in einen Raum, um etwas zu suchen. Der Raum ist ihm egal.
. . . einer geht in einen Raum, der nun für die nächste Zeit seine Bleibe sein wird, z. B. Hotelzimmer im Urlaub, Gefängniszelle oder Internat.

Diese Übung kann auch variiert werden, indem man nicht den Raum bezeichnet, sondern nur die Emotion vorgibt, mit der der Spieler dem Raum gegenübertreten soll:
. . . verschlossen, mystisch, realistisch.
. . . glücklich, unglücklich, neutral.

In einer weiteren Variation kann diese Übung als Gruppenübung gearbeitet werden: Ein Spieler der Gruppe gibt eine Emotion vor, die Gruppe übernimmt das Angebot, bis ein anderer die Emotion verändert, usw.

Auf jemanden zugehen

... du gehst auf einen Freund zu, den du täglich siehst.
... du gehst auf einen Freund zu, den du schon Jahre nicht mehr gesehen hast.
... du gehst auf den Klassenlehrer zu, der die korrigierten Probearbeiten zurückgibt.
... du gehst auf eine befreundete Person zu und merkst erst im letzten Augenblick, daß es eine wildfremde Person ist, du hast sie nur verwechselt.
... du gehst auf einen Hund zu, der dir nicht ganz geheuer ist.
... du gehst auf deinen Partner(in) zu, um dich wieder mit ihm (ihr) zu versöhnen. Du hast dich für dein Verhalten entschuldigt; er (sie) hat sich für sein (ihr) Verhalten entschuldigt.
... du gehst auf deinen neuen Chef zu, der dir auf Anhieb sympathisch oder unsympathisch ist.
... du gehst auf einen Gratulanten zu, der dich zum Geburtstag (dafür kannst du nichts!), zum Kulturpreis, zur Goldmedaille oder zur politischen Rede beglückwünscht.

Radio-Interview

Der Spieler stellt als Radiosprecher einer (imaginären) Person eine festgelegte Frage, wie z. B. »... wie fühlen Sie sich jetzt?«
... die Person ist eben Olympiasieger geworden und der Reporter ist selbst noch ganz »aus dem Häuschen«.
... die Person ist ein Politiker, von dem der Reporter privat nicht das geringste hält.
... die Person ist menschliches Vorbild für den Reporter.

Tätigkeiten

Eine Tür öffnen:
... du erwartest einen Freund.
... es hat stürmisch geklingelt; du erwartest jemand.
... es hat stürmisch geklingelt; du erwartest niemanden.
... deine Eltern kommen früher zurück, als du erwartet hast.
... du wartest auf den Briefträger, der einen wichtigen Brief bringen soll.
... es klingelt mitten in der Nacht; du kannst dir nicht denken, wer noch so spät kommen könnte.
... es hat jemand mit dem »Familienkennzeichen« geklingelt.

Einen Brief öffnen:
... einen Liebesbrief von einer »neuen« Eroberung; von deinem Partner; von deinem »Verhältnis« (ist der Partner im Raum?).
... einen Brief von einer Behörde.
... einen Brief von der Polizei, wahrscheinlich eine gebührenpflichtige Verwarnung.
... einen Brief vom Geschäftspartner, mit dem du sonst nur noch über den Rechtsanwalt verkehrst.

Ein Stück Brot aufheben:
... du ärgerst dich über die Kinder, die ihr Pausenbrot wegwerfen.
... es ist dir auf den Boden gefallen.
... es ist Hungersnot.
... du bist Gefangener der Geheimpolizei einer Diktatur.
... du wolltest das Brot wegwerfen, fühlst dich aber beobachtet und tust nun so, als ob es dir aus Versehen runtergefallen ist.

Kleider und Leute

Du gehst zum Familienfest und bindest dir eine Krawatte um: du haßt Krawatten; du bist Krawatten gewöhnt.
    Du ziehst im Freibad dein Hemd aus, um dich in die Sonne zu legen; du treibst in deiner Freizeit Bodybuilding; du hast in letzter Zeit unnötige Fettpolster angesetzt.
    Du probierst in einer Boutique ein sündhaft teures Kleid, das du dir niemals leisten kannst; das du dir als Geschenk zum Geburtstag aussuchen darfst.
    Du probierst ein Theaterkostüm, in dem du dich nicht wohl fühlst; das dir auf Anhieb gefällt.

Auf etwas stolz sein

Der Spieler stellt einen Menschen dar, der eine alltägliche Tätigkeit – kehren, eine Rede halten, an der Schreibmaschine sitzen, auf der Straße gehen, usw. – verrichtet, und ist dabei auf eine Eigenschaft oder ein körperliches Merkmal besonders stolz:
... auf sein schönes seidiges Haar,
... auf seine schönen Beine,
... auf seine strahlend weißen Zähne,
... auf die Tatsache, daß man schon sieht, daß sie schwanger ist.

Lauschen auf einen Schritt

Der oder die Spieler befinden sich in ihrer Rolle in einem Raum und lauschen auf Schritte; sie können oder wollen aber die Person, deren Schritte sie hören, nicht sehen.

Ein Dieb ist in eine Villa eingestiegen und hört plötzlich in den Räumen über sich Schritte.

Der Wohnungsnachbar im Stock darüber befindet sich im Urlaub. Plötzlich hört man in dieser Wohnung Schritte.

Ein ertapptes Liebespaar hört plötzlich im Hausflur Schritte. Es bleibt keine Zeit mehr, die Situation vor den Eltern oder vor dem Ehepartner zu vertuschen.

Ein Gefangener hört vor seiner Zelle Schritte; wird er zum Verhör abgeholt, entlassen oder bringt man nur sein Essen?

Ein zum Tode Verurteilter hört die Schritte des Hinrichtungskommandos, das ihn abholen will. Warum ist er schuldig oder unschuldig zum Tode verurteilt?

Bergmänner, die bei einem Grubenunglück verschüttet wurden, hören in nächster Nähe Schritte und Klopfzeichen der Retter.

Ein Kind wurde zur Strafe für sein Verhalten auf sein Zimmer geschickt; nun hört es draußen vor der Tür die Schritte der Schwester, die es trösten will; der Mutter, die »wieder gut sein will«.

Kinder warten am Heiligabend auf das Christkind und hören plötzlich Schritte im Weihnachtszimmer. Sie glauben noch an das Christkind; sie glauben nur noch den Eltern zuliebe ans Christkind.

Auf etwas (jemand) warten

... auf den Geliebten beim Rendezvouz,
... auf den Geschäftspartner, der sich verspätet hat,
... auf das Klingelzeichen, das eine langweilige Unterrichtsstunde beendet,
... auf die Ablösung als Nachtwache an einem Krankenbett oder am Lagerfeuer eines Zeltlagers,
... auf eine wichtige Nachricht im Radio,
... auf eine Fernsehsendung, bei der man selbst mitgewirkt hat,
... auf eine Prüfungskommission oder einen hohen Besuch,
... auf einen Bombenangriff im Luftschutzkeller,
... auf das Weltende, als Mitglied einer religiösen Vereinigung.

Wortlose Aufmunterung

Der Spieler oder die Spielerin versucht, einen realen oder imaginären Partner aufzumuntern
... durch ein leichtes Kopfnicken,
... durch eine hilflose Geste,
... durch ein entschuldigendes Schulterzucken,
... durch sanftes Streicheln,

... durch Augenkontakt,
... dadurch, daß er ihn in die Arme nimmt und tröstet.

Es paßt mir nicht

Ohne eine verbale Äußerung soll ein Spieler seinem Partner zu erkennen geben, daß es ihm nicht paßt,
... daß er sich dauernd kratzt,
... daß er Mundgeruch oder fettiges Haar hat,
... daß er sehr stark nach Parfüm duftet,
... daß er während des Sprechens ihm zu nahe an den »Körper« rückt,
... daß er jeglichem Augenkontakt ausweicht,
... daß er raucht.

Es ist bei dieser Etüde günstig, wenn man vorher die Handlung oder die Tätigkeit festlegt, während der das emotionale Spiel geschieht.

Nun kann man in einer Variation noch das Verhältnis der beiden Spielpartner definieren: sie mögen sich, sie können sich nicht leiden, der »störende« Partner ist der Chef, der »störende« Partner ist ein Fremder, ein Patient usw.

Spielszenen nach Musik

Für zwei Spieler wird eine ganz einfache Spielhandlung vorgegeben: Einer wartet z. B. auf der Straße auf etwas oder jemand. Neben ihm steht ein anderer. Man glaubt sich zu kennen, nach mehrmaligem Hinschauen erinnert man sich tatsächlich und begrüßt sich.

Diese kleine Szene wird zunächst in allen Stufen genau erarbeitet. Dann wird sie mit verschiedenartiger Musik unterlegt. Die beiden Spieler übernehmen die Stimmung, die die Musik ausdrückt, in ihr Spiel. Das heißt, sie bewegen sich nicht im Walzerschritt, wenn sie einen Dreivierteltakt hören, sondern assoziieren einen Handlungsort und eine Stimmung, zu der die Musik paßt. So wird eine »Traumszene« entstehen, wenn elektronische »schwebende« Musik zu hören ist, oder ein »High-noon – Zweikampf«, wenn die Musik aus dem Film »Spiel mir das Lied vom Tod« ertönt[42].

Anziehen – Ausziehen

Man kann z. B. Schuhe auf ganz verschiedene Weise anziehen, die äußere oder innere Situation gibt uns hier Rhythmus und Emotion vor.
Du ziehst Turnschuhe an:
... du hast ganz normales Training.
... du bist in den Endlauf gekommen.
... du findest Turnschuhe bequemer als Straßenschuhe.

---

[42] Im Anhang befindet sich eine Liste von Musikstücken und Kompositionen, die besonders gut für derartige Übungen und für Pantomime geeignet sind.

Du ziehst eine Uniformjacke an:
... du bist zur Bundeswehr eingerückt und nimmst zum ersten Mal die Uniform in der Kleiderkammer in Empfang.
... du hast einen Besuch bei deinen Freunden gemacht und gehst nun zurück zur Kaserne. Deine Freunde haben alle den Wehrdienst verweigert.
... du hast einen Besuch bei deinem Vater gemacht und gehst nun zurück in die Kaserne. Dein Vater ist Major a. D.
... du bist ein Gegner jeglicher Uniform, findest es aber im Fasching lustig, dich als Phantasiegeneral zu verkleiden.

Im Wartesaal des Bahnhofs

In dieser Gruppenübung treffen sich verschiedene Leute: das Kind, das zum ersten Mal alleine verreist; der Geschäftsreisende; der Genesende, der auf Kur fährt; das Mädchen, das ins Internat »muß«; das Liebespaar, das sich seit Stunden verabschiedet; der Stadtstreicher, der dort »wohnt«; der Bahnpolizist, der kontrolliert.
    Diese Übung kann nun durch extreme Situationen konkretisiert werden:
    Es ist vier Uhr früh, der Zug hat etliche Stunden Verspätung;
    es ist das »Jahr 1984«, der Große Bruder sieht alles;
    es ist Krieg.
    Als Übungsform kann für diese Etüde die vorhergehende Absprache, die individuelle Spielanweisung (jeder Spieler bekommt eine Karte mit seiner Rollenbiographie, kennt aber die der Mitspieler nicht) oder die freie Improvisation (es wird nur der Ort und die Situation angegeben und jeder Spieler bringt sich mit seinen eigenen spontanen Einfällen ein) gewählt werden.

Ertappt werden

In dieser Etüde wird ein Spieler von seinem Partner bei einer Tätigkeit ertappt, die verboten oder zumindest für ihn ungünstig ist. Der Ertappte reagiert nun schnell durch Vertuschen oder stellt die Tätigkeit nur sehr langsam ein, so wie es in *Peter Handkes* »Das Mündel will Vormund sein«[43] beschrieben wird: »Der Vormund tritt näher und sieht das Mündel an. Das Mündel ißt in Ruhe seinen Apfel. Das Ansehen des Mündels durch den Vormund zieht sich hin. Allmählich, wie wir sehen, beginnt sich auch das Essen des Apfels hinzuziehen. Je länger der Vormund schaut, desto langsamer wird das Essen des Apfels. Als der Vormund am längsten geschaut hat, hört das Essen des Apfels auf...«
    Wichtig ist, daß schon vor Beginn der Übungsszene das Verhältnis des Ertappten zum Partner klar bezeichnet wird:
... ein junger Mann wird von seiner Freundin beim Nägelkauen ertappt.
... ein Mann hat sich vorgenommen, nicht mehr zu rauchen. Er schafft es nicht und wird gleich bei der ersten Zigarette von seinem Freund erwischt.

---

43 *Peter Handke*, Stücke 2.

... Ein Vater nimmt seinem Kind ein Micky-Maus-Heft ab, weil Comic-Hefte »Schund« seien. Er blättert nun selbst darin herum, liest immer interessierter und fühlt sich plötzlich von seinem Kind beobachtet.
... ein Alkoholiker will heimlich trinken und wird von seiner Ehefrau ertappt, als er die Flasche an den Mund setzt.
... ein Lehrer besucht »studienhalber« einen Pornoladen und trifft dort prompt einen Schüler.
... eine Frau macht eine Diätkur und erzählt jedem davon. Nun wird sie von einer Kollegin überrascht, als sie gerade einen Riegel Schokolade in den Mund schiebt.
... eine Lehrerin kann im Zoo dem Reiz der kleinen Affen nicht widerstehen und füttert diese trotz Verbotsschild mit Erdnüssen. Nun kommt eine Schülerin ihrer Grundschulklasse dazu.

Balgereien[44]

Du balgst dich mit einem Arbeitskollegen. Während der Balgerei merkst du, daß die Rauferei immer ernster wird und sichtlich »alte Rechnungen« beglichen werden.

Du balgst dich auf einer Party mit einer Bekannten, die du von früher kennst. Du merkst, daß deine Freundin eifersüchtig wird.

Du balgst dich mit einem Bekannten und merkst, daß dieser eine Behinderung hat, von der du bisher nichts wußtest.

Du balgst dich mit deiner 14jährigen Stieftochter. Während der Balgerei merkst du, daß sie Körperkontakt provozieren will.

Auf einer Bank[44]

Zwei Menschen sitzen auf einer Bank im Wald, von der man eine herrliche Aussicht hat. Der eine wollte sich in die Einsamkeit flüchten, um über sich nachzudenken. Der andere ist ein Pilzsammler, der froh ist, endlich einen Gesprächspartner gefunden zu haben.

Zwei Menschen sitzen im Wartezimmer eines Arztes. Der eine ist ein eingebildeter Kranker mit beträchtlichem medizinischen Fachwissen, das er sich aus der Gesundheitsseite der verschiedenen Illustrierten angelesen hat. Der andere erwartet voll Sorge seine Untersuchung.

Zwei Menschen sitzen auf einer Parkbank. Beide haben das Gefühl, sich in einer unschönen Situation begegnet zu sein, sind sich aber nicht sicher.

Ein Mädchen und ein Junge, die beide den gleichen Tanzkurs besuchen, warten auf die Straßenbahn. Er hat eine warme Windjacke an, während das Mädchen nur mit einem leichten Tanzkleid bekleidet ist. Es ist ein kühler Abend.

Zwischenfälle

Zwei Frauen haben auf einer Party das gleiche Kleid an.
... sie versuchen, die Tatsache zu übersehen.

---

44 Zitiert aus: Theatermachen, Hrsg. *Giffei*. Beitrag *Werner Müller*.

... sie versuchen, die Tatsache zu überspielen.
... sie tragen es mit Humor.
... eine Frau schüttet der anderen, während sie ihren guten Geschmack bewundert, Sekt über das Kleid.

Ein Politiker, der eben eine Wahl gewonnen hat, läßt sich auf der Wahlparty feiern:
... da schaltet sich das Fernsehen mit einer Direktübertragung ein.
... während des Interviews merkt er, daß sein Toupet verrutscht ist.
... er tritt vor die Kameras und merkt in letzter Sekunde, daß sich der Reißverschluß an seiner Hose geöffnet hat.
... er wischt sich vor der Kamera den Schweiß von der Stirn und sieht auf dem Monitor, daß er sich damit auch die Schminke abgewischt hat.
... er will seine Ausführungen mit statistischen Zahlen untermauern und erwischt den falschen Merkzettel.

In einen berstend vollen Aufzug steigt der Firmenchef zu, einer der Angestellten hat gerade einen Witz über den Chef zu erzählen begonnen.
In einen Aufzug, in dem sich drei Männer gerade einen zotigen Witz erzählen, steigt eine Frau zu.

Vor einer bestreikten und besetzten Fabrik stehen die Streikposten:
... da dreht einer durch und will nicht mehr mitmachen.
... da kommt der Personalchef und will mit den Streikenden verhandeln.
... da kommt die Polizei und soll einige Arbeiter verhaften, weil sie das inzwischen erteilte Hausverbot mißachten.
... da kommen einige Kollegen aus den Büros und erklären sich solidarisch.

In das Wohltätigkeitsessen eines vornehmen Clubs der »Oberen Zehntausend« platzen einige Jugendliche, die sich stellen, als ob sie das Wort »Wohltätigkeit« falsch verstanden hätten.
Unter die Gratulanten einer Hochzeitsfeier mischt sich auch die ungeladene ehemalige Verlobte des Bräutigams, der mit dieser ein Kind hat.
Während eines Leichenschmauses beginnt einer der Anwesenden in abfälliger Weise über den Verstorbenen zu reden.

Übungen zum Solarplexus als Inszenierungshilfe

Übungen zum Solarplexus sollten nicht nur fester Bestandteil des Einzel- und Gruppentrainings sein, sondern können auch bei der Erarbeitung von Stücken wertvolle Dienste leisten. Durch derartige Etüden können nämlich die verschiedenen Formungen durch die entsprechenden Bewegungen des Solarplexus von ein und derselben Tätigkeit genau und sublim herausgearbeitet werden, indem man Parallelsituationen erarbeitet und sich dann für die der Szene adäquate Emotion entscheidet.

In der »Antigone« von *Anouilh* erzählt nach der Verhaftung der Antigone ein Wächter dem anderen noch einmal den Vorgang der Verhaftung – obwohl beide dabei waren. Wir »grenzten« diese Szene folgendermaßen ein:

Ein Zuschauer bei einem Fußballspiel erzählt einem Freund, der nicht bei diesem Match dabei war, eine besonders spannende Szene ...
... der Erzähler und der Zuhörer haben das Spiel gesehen.
Ein Mensch, der einen Aktionsfilm gesehen hat, erzählt seinem Freund, der diesen Film nicht kennt, eine besonders spannende Szene ...
... der Freund war mit im Kino, und die Erzählung findet beim Verlassen des Kinos statt.
... der Freund kennt den Film. Die Erzählung wird durch eine Assoziation einige Wochen später ausgelöst.
... dem Erzähler imponierte der Held dieser Szene.
... dem Erzähler gefiel die Szene wegen ihrer Brutalität nicht.

In »Woyzeck« von *Büchner* beobachtet Woyzeck die tanzende und flirtende Marie durch das Fenster des Wirtshauses: »Dreht euch, wälzt euch ... immer zu ... Der Kerl, wie er an ihr herumgreift, an ihrem Leib! Er hat sie – wie ich zu Anfang ...«
Als Etüde schlug ich dem Schauspieler folgende Möglichkeiten vor:
... ein Mann will auf einer Party frische Luft schöpfen und trifft im Garten seine Frau in enger Umarmung mit einem anderen.
... ein Mann hegt schon lange den Verdacht, daß seine Frau ein Verhältnis hat, und geht auf dieser Party seiner Frau nach und trifft sie nun mit einem anderen.
... ein Mann weiß, daß seine Frau ein Verhältnis hat, und geht selbstquälerisch in den Garten, um sich Gewißheit zu verschaffen.
... ein Mann hat sich mit dem Verhältnis seiner Frau abgefunden und trifft zufällig im Garten auf das Paar.
... ein Mann hat sich mit dem Verhältnis seiner Frau abgefunden, toleriert es seit langem und wird nun von einem Freund auf das Paar im Garten hingewiesen.

In »Geschlossene Gesellschaft« von *Sartre* umarmt Estelle den Garcin, um damit Ines, die andere Frau, zu quälen: »... drücke mich fester an dich, Garcin. Dann wird sie zerspringen ...«
Wir improvisierten folgende Szenen:
Ein Mädchen schmust mit einem Mann, um ein anderes Mädchen eifersüchtig zu machen.
Ein Mädchen schmust mit einem Mann, um einem anderen Mädchen dessen Einsamkeit und Mauerblümchendasein zu beweisen.
Der junge Mann weiß nichts von der Absicht des Mädchens.
Der junge Mann merkt nichts von der Absicht des Mädchens und fühlt sich geschmeichelt.
Der junge Mann merkt die Absicht des Mädchens während des Schmusens und bricht den Flirt ab.
Der junge Mann merkt die Absicht des Mädchens, kommt sich zwar gemein vor, macht aber mit.
Der junge Mann und das Mädchen wollen dem anderen Mädchen dessen Alleinsein beweisen und es quälen.

In »Frühlings Erwachen« von *Wedekind* spricht Wendla, nachdem sie mit Melchior zusammen war, für sich allein im Garten:

»... Warum hast du dich aus der Stube geschlichen? – Veilchen suchen!... Meine Füße berühren den Boden nicht ... ruhig Mütterchen. Ich will mein Bußgewand anziehn. – Ach Gott, wenn jemand käme, dem ich um den Hals fallen und erzählen könnte!«

Die Darstellerin sollte in einer vorbereitenden Übung den Text in folgenden Situationen sprechen, um dann in der festgelegten Szene die stimmige Emotion und damit auch den »richtigen Ton« zu treffen:

... Wendla hat sich nur in die Geschichte hineingeträumt und kommt sich nun »sündig« vor.
... Wendla kommt sich vor wie die Heldin eines Courts-Mahler-Romanes, den sie erst neulich gelesen hat.
... Wendla weiß, daß sie allein im Garten ist, weil ihre Mutter einkaufen gegangen ist.
... Wendla weiß, daß Mutter eben die Fensterbretter putzt und eigentlich zuhören müßte.
... Wendla weiß, daß ihre Mutter zuhört, aber weiß auch zugleich, daß ihre Mutter sie nicht ernst nimmt, weil sie auch sonst solche Jungmädchenträumereien von sich gibt.
... Wendla kommt sich »schmutzig« vor und »beichtet« sich selbst ihre Sünde.

Diese Etüden sollten zuerst nonverbal – sozusagen nur mit »innerem Text« – erspielt werden. In diesem stummen Spiel geht dem Spieler der vorgegebene oder improvisierte Text zunächst nur wie Gedanken durch den Kopf. Wie in der Art der Leute, die mit sich selbst reden, werden dann nach und nach einige Worte oder Wortfetzen geformt werden. Bei diesen Übungen ist das Feedback unumgänglich. Der Darsteller sollte dem Zuschauenden vorher nicht sagen, welche Variation der Etüde er nun spielen möchte, sondern durch das Feedback überprüfen, was »über die Rampe kam«.

Von dramaturgischen Strichen abgesehen, sollten erst nach dieser Phase der Erarbeitung Streichungen im Text vorgenommen werden; meist ergeben sie sich durch die Stufung »stummes Spiel – gemurmelter Text – gesprochener Text« von selbst.

Ideal wäre bei dieser Probenweise die Arbeit mit einer Videokamera, damit auch der Darsteller sich selbst Feedback geben kann.

Szenische Übungen und Spielszenen zum Körpertheater

Die bisher beschriebenen Übungen haben sich jeweils mit einer der beiden Säulen des Körpertheaters – Schwerpunkt oder Solarplexus – beschäftigt, ohne die Gesamtheitlichkeit des Körpertheaters aus den Augen zu verlieren. Nun sollen Übungen angeboten werden, die nonverbale oder verbale Spieltechniken und die genaue Beobachtung von Solarplexus *und* Schwerpunkt beinhalten.

Zunächst wollen wir uns mit Etüden beschäftigen, die den Widerspruch von Haltung und Emotion zum Inhalt haben: den sogenannten Körperlügen. Der Begriff »Körperlüge« enthält keinerlei moralische Wertung, sondern beschreibt nur den Zustand eines Darstellers, der mit Haltung und Schwerpunkt genau den Gegensatz zum gesprochenen Wort ausdrückt. Wir kennen derartige »Körperlügen« auch im Alltag: Ein Mensch ist müde und abgespannt. Auf die Frage »du bist wohl sehr müde?« antwortet er aber »nein, ich bin hellwach!« Der Ehemann kommt mißmutig von der Arbeit nach Hause, auf die Frage seiner Ehefrau, ob es wieder Ärger im Geschäft gab, antwortet er aber »nein, wie kommst du darauf?«

»Körperlügen« können im Alltag Abwehr von lästigen Fragen, Hilferufe oder auch nur ironische Bemerkungen von der Art wie »das ist ja das Tollste, was ich je erlebt habe!« sein. Auf der Bühne, innerhalb einer Spielszene, ist der »Ton, der die Musik macht«, von größter Bedeutung. Hierunter ist nicht die richtige oder falsche Betonung von Texten zu verstehen, wie sie in zahllosen Anekdoten beschrieben wird: So betont die Gretchendarstellerin im »Faust« ...»wenn ich nur wüßt, wer *heut* der Herr gewesen ist...«

Ein Text, ein Wort oder eine Tätigkeit in einer bestimmten Situation wird von Haltung und Solarplexus bestätigt und verstärkt oder widerlegt. Geschieht der Widerspruch zwischen Haltung und Wort unbewußt, so können komische Wirkungen nicht ausgeschlossen werden: So z. B. steht *Luther* vor dem Reichstag in Worms und soll abschwören. Der Darsteller bewegt sich im Körperschwerpunkt »Luft« und »offenen Solarplexus« und spricht nun: »Hier stehe ich, ich kann nicht anders.« Wahrscheinlich kann man sich auch schlecht einen durch den Raum tänzelnden Marquis Posa im »Don Carlos« vorstellen, wenn er sein »Sire, geben Sie Gedankenfreiheit!« dem spanischen König entgegenschleudert. Sicherlich sind derartige Körperlügen auch als Hilfen einzusetzen, wenn der Regisseur eine Figur anders anlegen will, als sie gemeinhin gespielt wird.

Körperlügen

Auf einer Einladung: Man lobt die spritzige gute Stimmung an diesem Abend, obwohl man ständig ein Gähnen unterdrückt.

Man macht der Hausfrau während des Essens Komplimente für ihre außerordentliche Kochkunst, obwohl es grauenhaft schmeckt.

Man bewundert die Wohnungseinrichtung, obwohl man sie ausgesprochen scheußlich findet.

Man unterhält sich mit einem der Anwesenden über einen Dritten und lobt diesen, weil man weiß, daß der Gesprächspartner ein Freund des Gelobten ist. In Wirklichkeit hält man diesen für einen ausgesprochen dummen Menschen.

Im Existenzkampf: Zwei Schüler, die vom Lehrer beim Raufen ertappt wurden, geben sich auf dessen Anweisung hin zur Versöhnung die Hand, verabreden aber dabei schon Ort und Zeit für den nächsten Zweikampf.

Zwei Abteilungsleiter loben sich gegenseitig auf einer Firmenfeier, obwohl sie sich vergiften könnten.

Der unterlegene Sportler gratuliert auf dem Siegerehrungspodest dem Sieger, obwohl er ihn am liebsten herunterstoßen möchte.

Man heuchelt im Gespräch mit einem anderen großes Interesse an einem Fachgebiet, obwohl es absolut uninteressant ist.

Gegenwahrheiten: Eine junge Frau hält eine Lobrede auf offene Ehe und Emanzipation, obwohl sie am liebsten ein ganz »normales« Hausmütterchen sein möchte.

Der brave Soldat Schwejk hält eine Lobrede auf das Militär, das ihm verhaßt ist.

Eine Frau lobt im Beisein ihres Mannes das häusliche Glück und betont, wie glücklich sie ist, obwohl sie am liebsten den »ganzen Kram hinwerfen« möchte.

Zwei rivalisierende Schauspieler wünschen sich vor der Premiere des gemeinsamen Stückes toi, toi, toi und gute Zusammenarbeit.

Die Eltern begrüßen auf »Anordnung« der Tochter deren neuen Freund sehr freundlich, obwohl sie schon sehr viel Negatives über ihn gehört haben.

Bei diesen Übungen muß der Darsteller für seine Mitspieler glaubhaft wirken, den Zuschauern jedoch den Widerspruch deutlich werden lassen. Auch hier ist die beste Methode der Kritik das Feedback der Zuschauenden.

Ablenkmanöver

Ein junger Mann besucht eine Kollegin mit »zärtlichen Absichten«. Die Frau ahnt es bereits und versucht nun während des Gespräches, einer Liebeserklärung vorzubeugen.

Während des Mittagessens, bei dem die Erbtante eingeladen ist, beginnt der kleine Sohn Familienintimitäten auszuplaudern, was beide Elternteile durch angestrengte Konversation mit der Tante zu verhindern suchen.

Der freundliche Zahnarzt spricht während eines schwierigen und schmerzhaften Eingriffs mit dem Patienten über belanglose Dinge und stellt ihm ständig Fragen.

Das Mitglied einer Diebesbande steht Schmiere und unterhält sich nun freundlich mit einem zufällig vorbeikommenden Streifenpolizist. Er spricht aber dabei so laut, daß ihn auch seine Kumpane hören können.

Ein Mann ist als »Pumpgenie« bekannt und verwickelt seinen Freund in ein Gespräch. Dieser versucht vom Thema »Geld« abzulenken.

In einem Fernsehstudio ist eine Bombendrohung eingegangen. Während nun Sicherheitsbeamte unauffällig den Raum durchsuchen, plaudert der Moderator unbefangen mit dem Publikum.

Man unterhält sich mit einem Todkranken, der nichts von seiner schweren Krankheit weiß, und wünscht ihm gute Besserung.

Man unterhält sich mit einem psychisch Kranken, von dem man annimmt, daß er sehr schnell aggressiv wird.

Eine Frau versucht, einen Mann, der sie an einer einsamen Bushaltestelle »anmacht«, in ein Gespräch zu verwickeln, das ihn von seinen Absichten ablenkt.

Der kleine Sohn hat, während er alleine zu Hause war, eine Vase zerbrochen. Nun zeigt er den heimkommenden Eltern seine schön gemachten Hausaufgaben.

Warnungen

Der Wolf trifft das Rotkäppchen im Wald und warnt es vor herumstreunenden Wölfen. Dabei freut er sich bereits auf den guten Happen.

Ein älterer Mann füllt einem Nachbarsjungen ein Glas und warnt ihn dabei vor der Zudringlichkeit mancher Männer.

Das Bitte-Danke-Spiel

Ausgehend von Kurzworten wie »Bitte« oder »Danke« soll die Wirkung und Bedeutung dieser Worte – die zunächst nichtssagend im Wortsinn sind – durch verschiedenartig gestaltete Schwerpunkte und Bewegungen des Solarplexus erarbeitet und erforscht werden. Die Etüde sei am Beispiel des Wortes »Danke« näher erläutert:

Ich habe ein langersehntes Geschenk erhalten: »danke«.

Ich wußte, daß ich das heißersehnte Geschenk zum Geburtstag bekommen werde: »danke«.

Ein Kollege hält mir die Tür auf: »danke«.

Meine Frau bezeichnet mich als Dummkopf: »danke«.

Der Bürgermeister verleiht mir einen Preis: »danke«.

Nach einem zärtlichen Beisammensein: »danke«.

Schon an diesen wenigen Beispielen kann man die Bandbreite ersehen, mit der ein Wort durch Schwerpunkt und Emotion variiert und in seiner »stimmigen« Bedeutung gesprochen werden kann.

In der ersten Stufe dieser Etüde prägt nur die Situation, in der dieses Wort ausgesprochen wird, Haltung und Emotion. In einer weiteren Stufe kann nun dem Darsteller ein Typ (Typ Erde, Typ Feuer, Typ Neid, Typ Eitelkeit) und eine bestimmte Bewegung des Solarplexus (offen, geschlossen usw.) vorgegeben werden, der in einer bestimmten Situation dieses Wort ausspricht. Nun kann durch eine kurze Rollenbiographie und durch die Beschreibung des Verhältnisses zum Ansprechpartner aus der typisierenden Darstellung eine charakterisierende Rollengestaltung entstehen.

Als zusätzliche Spielaufgabe kann danach eine Szene verlangt und erarbeitet werden, in der das Wort in einem exakt dargestellten imaginären Raum, mit imaginärem Partner usw., ausgesprochen wird. Diese letzte Stufe ist eine unerläßliche Übungsform für Solopantomimen, die dann nach Fertigstellung der Szene zwar das gesprochene Wort wieder weglassen, es aber trotzdem noch mit dem Körper »sprechen«.

Außer verschiedenen Kurzworten kann man auch kurze Sätze als Übungsmöglichkeiten vorgeben:
Auf Wiedersehen (man freut sich, daß der Verabschiedete endlich verschwindet – echter Abschiedsschmerz – Begräbnis).
Entschuldigung (ich habe mein falsches Verhalten eingesehen – ich fühle mich trotz der Anschuldigung im Recht – ich bin jemandem auf den Fuß getreten – ich bin jemandem zum dritten Male auf den Fuß getreten).
Du gefällst mir (eine Liebeserklärung – ein ironischer Tadel – die Freundin hat eine neue Frisur).
Gute Besserung (ich sage diesen Wunsch zu einem verkaterten Freund – zu einem Freund, der eine leichte Grippe hat – zu einem Schwerkranken, bei dem aber Hoffnung auf Genesung besteht – zu einem Krebskranken, der nichts von seiner Krankheit weiß – zu einem Krebskranken, der von seiner Krankheit weiß).
Laß mich das mal ansehen (ein Lehrer, der sich freut, einen Schüler beim Abschreiben erwischt zu haben – ein Lehrer, der sich ärgert, daß er einen Schüler beim Abschreiben erwischt hat – der Banknachbar in der Schule hat ein Pornoheft – das kleine Kind hat eine Zeichnung gemacht – das Kind hat sich am Finger geschnitten).
Es gibt eben einen kleinen Unterschied zwischen Mann und Frau (während eines Streitgesprächs – resignierender Ausspruch beim Abwasch, während der Göttergatte vor dem Fernseher sitzt – ein verklemmter Lehrer im Sexualkundeunterricht).
Bitte nehmen Sie Platz (die Sprechstundenhilfe zum Patienten – der freundliche Junge in der Straßenbahn zur alten Dame – der Chef zum Angestellten – der Angestellte zum Chef).
Das ist ja toll (im Körperschwerpunkt Erde, im Schwerpunkt Feuer, als Kunstkritiker, als Kriminalbeamter).
Es ist jetzt gleich zehn Uhr (als wütender Vater im Schwerpunkt Zorn – als eitler Fant auf dem Weg zu einer Party – als neugierige Zimmervermieterin mit Schwerpunkt Neid – als Zimmernachbarin im Schwerpunkt Wollust – als lascher Teilnehmer einer Party im Schwerpunkt Trägheit – als Mensch, der eine Hungerkur macht und sich auf das Essen freut, im Schwerpunkt Völlerei).
Du, das muß ich dir erzählen (traurig mit geschlossenem Solarplexus, als schlechte Nachricht – als Klatschweib mit Schwerpunkt Neid und Mißgunst – als schadenfroher Kollege – als zotenreißender Pennäler, der mit einem Witz imponieren will).
Ich bin nur mal kurz vorbeigekommen (ein Schnorrer, der am Gastgeber vorbei sofort den Weg zum Kühlschrank findet – ein Hilferuf von einem, der nicht selbst damit anfangen kann, über seine Probleme zu reden – ein echter Kurzbesuch).

Pantomimische Techniken in Verbindung mit Körpertheater

Sämtliche pantomimischen Techniken können nun mit Körperschwerpunkten, wie z. B. der Elemente, der Todsünden, aber auch von Tieren, und mit den Bewegungen des Solarplexus verbunden werden.

Gehen auf der Stelle: Die sieben Todsünden; die vier Elemente gehen nacheinander (bei einer Solopantomime) oder gemeinsam auf eine Versammlung, auf der Straße, beim Einkaufen oder im Park.

Abtasten einer imaginären Wand: Ein Gefangener im Kerker; ein Besucher eines Spiegellabyrinths auf dem Volksfest; ein Pantomime, der Wände darstellt.

Jedem Mimen werden hier zahllose Übungsbeispiele einfallen. Als »Nebeneffekt« dieser Etüden kommen während der Übung oft Einfälle für neue Szenen.

In einem Lokal

Verschiedene Paare kommen in ein Lokal, bestellen etwas und merken, als sie bezahlen wollen, daß sie die Geldbörsen vergessen haben. Es soll aus den Schwerpunkten, Haltungen und Emotionen heraus sichtbar werden, aus welchem Milieu die Paare stammen und welches Alter sie haben – nicht aus dem Text: Die Sekretärin vermeidet es also, während der Szene ihren Partner mit »Herr Direktor« anzusprechen. Selbstverständlich werden die Aktionen und Reaktionen der Paare auch durch den Typ des Kellners bestimmt, der durch sein Spiel die Art des Lokals kennzeichnet (alternative Kneipe, Bauernwirtschaft, vornehmes Cafe usw.).

Chef und Sekretärin: Auf Geschäftsreise – in der Mittagspause – beide haben ein Verhältnis miteinander – die Sekretärin findet den Chef fies, usw.

Rentnerehepaar: Beim täglichen Besuch im Stammcafe – sie feiern Hochzeitstag – es ist kalt und sie wollen sich aufwärmen – das Paar ist gut situiert – das Paar lebt von einer knappen Rente, usw.

Pennälerliebe: Er hat die Mathematikstunde geschwänzt – sie gehen schon lange miteinander – die Eltern dürfen von ihrer Liebe nichts wissen – sie will ihm nur bei einem Tee die Aufgaben erklären, usw.

Touristen: Auf der Durchreise in den Urlaub – am Urlaubsort – sie wollen Land und Leute kennenlernen – sie sind »Besseres« gewohnt, usw.

Drei Typen

Für diese Etüde liegen drei verschiedene Arten von Anweisungskarten bereit, am besten in verschiedenen Farben: Auf den »blauen« Kärtchen steht jeweils eine Bewegung des Solarplexus, wie z. B. ängstlich, forsch, angeberisch, traurig usw. Auf den »roten« Kärtchen stehen jeweils die Bezeichnungen für einen Bewegungs- oder Körperschwerpunkt, wie z. B. Erde, Feuer, Wollust, Zorn, Elefant, Fuchs usw. Auf den »gelben« Karten stehen Situationen, die Zeit und Ort beschreiben, wie z. B. an einem Sonntag nachmittag im Park, beim Sonnenuntergang am Meeresstrand, am Hofe des Sonnenkönigs Ludwig XIV., usw.

Jeder Spieler zieht ein rotes und ein blaues Kärtchen und »baut« daraus seine Rolle. Drei Spieler gehen nun zu einer Gruppe zusammen und ziehen ein gelbes Kärtchen, das ihnen Situation und Handlungsort vorgibt.

Szenische Übungen und Spielszenen

Alle Dreiergruppen haben nun eine Aufgabe:
Drei Menschen haben eine alte Schatzkarte gefunden und suchen nach dem Schatz.
Drei Menschen beobachten einen Maler bei der Arbeit und kritisieren ihn oder geben ihm Ratschläge.
Diese Übung sollte zuerst nonverbal, dann erst mit spontanen Texteinfällen erarbeitet werden, keinesfalls sollte vor Beginn der Improvisation eine Textaufteilung vorhanden sein.

Menschen im Hotel

Verschiedene Menschen bewegen sich in der Empfangshalle eines Hotels: der luxusgewohnte Reisende, der Hoteldiener, der Pauschalreisende, der Hausdetektiv usw. Alle sind durch genaue Spielanweisungen und Rollenbiographien herauszuarbeiten, bevor ein »Ereignis« eintritt: ein Koffer platzt, ein randalierender Betrunkener betritt schwankend die Halle, ein Kronleuchter fällt von der Decke, ein berühmter Filmstar trifft ein...

Verschiedene Menschen befinden sich in einem Stadtpark: die geplagte Mutter mit ihren frechen Gören, der stolze Hundebesitzer, der Stadtstreicher, der verliebte Dichter, usw. Nun wird ein Denkmal lebendig, ein Platzregen beginnt, eine Schlägerei beginnt...

Verschiedene Menschen befinden sich mit ihren »fixen Ideen« in der geschlossenen Abteilung eines Krankenhauses: Napoleon, der UNO-General, der Arzt, usw. Nun ist Essensausgabe, das Licht geht aus, Besuch kommt...

Verschiedene Menschen befinden sich in einem Gefangenenlager: politische Gefangene, tatsächliche Gauner, eine Frau, der man das Kind weggenommen hat, ein Mann, den man gefoltert hat, usw. Nun wird wieder einer zum Verhör abgeholt, ein Mitgefangener wird als Spitzel verdächtigt, man hört die Schüsse des Exekutionskommandos...

Verschiedene Menschen befinden sich auf einer Beerdigung: die Familienangehörigen, die Freunde, die Kegelbrüder, die neugierigen Passanten, die Arbeiter eines Begräbnisinstituts, usw. Nun verwechselt der Pfarrer in seiner Trauerrede den Namen des Toten, einer ruft eine politische Parole...

Verschiedene Menschen befinden sich im Wartezimmer eines Arztes (die verschiedenen Krankheiten sollten nicht mit Worten erzählt werden): die Frau, die sich nur die Pille verschreiben läßt; die »Dorfzeitung«, die jeden kennt; das Mädchen, bei dem die Regel ausgeblieben ist; der Handlungsreisende mit Magenkrämpfen, usw. Nun muß der Arzt zu einem Notfall, einem Wartenden wird schlecht...

Tagträume

Oft bleiben wir bei Besorgungsgängen oder beim Schaufensterbummel vor Plakaten und Werbeflächen stehen: Da wird Urlaub am Strand, eine Sportveranstaltung u. ä. angepriesen; und wir möchten oft nicht nur an dieser »Veranstaltung« teilnehmen, sondern auch gern Akteur sein. Darauf basiert die folgende Übung.

Zwei Spieler gehen – pantomimisch oder real – auf einer gedachten Straße. Sie bleiben vor einer Plakatwand stehen und betrachten sie. Nun beginnt einer, sich in das Plakat »hineinzuträumen«. Der veränderte Handlungsort und die veränderte Emotion bestimmen nun sein Spiel und seinen Bewegungsschwerpunkt. Der andere Spieler nimmt diese Vorgabe auf und gestaltet die Szene mit. Die Spielszene endet wieder auf der Straße.

Diese Übung kann als Improvisation, also ohne Absprache, oder als vorbesprochene Szene erarbeitet werden.

Beispiel: Zwei Geschäftskollegen gehen zur Arbeit. Sie haben es eilig. Sie werden vom täglichen Geschäftstrott erwartet. Da bleibt Spieler A vor einer Plakatwand mit einem herrlichen Bild stehen. Zwei hübsche Mädchen räkeln sich unter Palmen in der Sonne am Strand. A geht nun an den Strand, breitet sein Handtuch aus, beginnt sich einzuölen, usw. Spieler B folgt diesem Spielangebot. Beide spielen nun Ball mit den Mädchen. Da fliegt dem Spieler B ein Ball an den Kopf: sie stehen wieder auf der Straße, und B gibt schimpfend den Ball einem Kind zurück, das auf der Straße Fußball spielte . . .

Ähnliche Übungen ergeben sich aus den Plakaten und Werbeflächen, an denen wir täglich vorübergehen: Boxveranstaltungen, Kurse für Bodybuilding, Partys, auf denen eine bestimmte Sektmarke getrunken wird, usw.

Begegnungen der dritten Art

Bestimmt haben sich schon viele in bestimmten Situationen eine vollkommen veränderte »Wirklichkeit« erträumt. Solche Träume und Träumereien machen auch dann Spaß, wenn man keine Szenen daraus erarbeitet und sie sich *»nur«* erzählt. Übrigens, Kinder setzen derartige Ereignisse keineswegs in Staunen!

Wir warten auf die Straßenbahn an einem tristen Morgen. Es ist regnerisch, alle schauen mürrisch vor sich hin . . . da landet ein UFO und beginnt mit uns Kontakt aufzunehmen.

Kinder spielen im langweiligen städtischen Sandkasten, die Mütter sitzen auf der Bank, stricken und unterhalten sich . . . da kommen Piraten und wollen den Schatz ausbuddeln, den sie vor 62 Jahren hier vergraben haben.

Wir sind im Hallenbad, zahlen Eintritt, ziehen uns in der Kabine um, gehen unter die Dusche und tummeln uns im Schwimmbecken . . . da taucht der Weiße Hai auf oder sonst ein Seeungeheuer.

Sonntagsspaziergang im Stadtpark. Wir gehen gesittet und freuen uns auf den obligatorischen Nachmittagskaffee . . . da schwingt sich Tarzan mit lautem Schrei aus den Büschen und kommt auf uns zu.

Diese Übungen können von einzelnen Gruppen vorbereitet und den zuschauenden Mitspielern gezeigt werden, die dann Feedback abgeben und erzählen (nicht raten!), was eben passiert ist. Ebenso aber kann der Spielleiter einer größeren Gruppe z. B. die Aufgabe »Wandertag und Besichtigung einer Tropfsteinhöhle« stellen und im geeigneten Moment mit einem Höhlenbären oder einem Ungeheuer die Spielsituation verändern. Diese Übung ist als Mitspielaktion für eine ungeübte Kinderspielgruppe ebenso geeignet wie für eine Pantomimengruppe, die mit genauer Technik Raum und Gegenstände entstehen läßt.

Wenn zwei das gleiche tun . . .

Bei einer »alltäglichen« Handlung bestimmt der Handlungsort den Bewegungsschwerpunkt und die Emotion und damit unser gesamtes Spiel.

Reifenwechsel am Auto. In der Werkstatt. Die Sommerreifen werden gegen die Winterreifen ausgetauscht.

Mitten in der Wüste unter sengender Sonne. Die Expedition hat sich verirrt.

Beim Autorennen. Viele Mechaniker sorgen sich mit eingespielten Handreichungen um Wagen und Fahrer beim Boxenstopp.

Bei gleicher Tätigkeit und gleichem Handlungsort bestimmt der Körperschwerpunkt und die Emotion die Handlung.

Zum Beispiel der Fechtkampf zwischen Romeo und Tybalt in den Gassen Veronas: Tybalt wird als »Rechenbuchfechter« bezeichnet und »steht sofort zu Diensten«, er ist nach der Aussage Mercutios ein »beherzter Zeremonienmeister der Ehre«. Er wird anders fechten als Romeo, der mit blinder Wut und vielleicht Tränen in den Augen auf Tybalt losstürzen wird, als er sieht, daß Mercutio tot ist.

Diese genaue Erarbeitung einer Tätigkeit gehört meiner Meinung nach zum unumgänglichen Handwerkszeug eines Schauspielers.

Ebenso können die folgenden Spielaufgaben nicht nur als Improvisationen, sondern auch als »Zugangsübung« zur Rolle erarbeitet werden.

Essen am Tisch:
Einige Personen sitzen am Tisch und zelebrieren ein Wohltätigkeitsessen.
Einige Personen essen im Slum ihr karges Mahl.
Eine Familie der Nachkriegszeit (1946) bekommt ein Care-Paket und beginnt nun zu »schlemmen«.
Eine Familie sitzt beim »normalen« Sonntagsessen.
Einige Schiffbrüchige essen am Strand die letzten Vorräte, die sie vom gesunkenen Schiff gerettet haben.

Essen vom Suppenteller (am Beispiel *»Woyzeck«* von *Büchner*): Woyzeck wird anders vom Teller essen, anders den Löffel ablecken und die Reste der Suppe mit Brot austunken, als der Hauptmann.

Der Tambourmajor wird nur »nebenbei« seine Suppe löffeln, wenn eine hübsche Frau (... Zitat Woyzeck) im Raum ist, oder er wird betont weltmännisch essen, wenn der Prinz ...

Handlungsorte

Die Handlungsorte bestimmen ebenso wie die Tätigkeiten den Bewegungsschwerpunkt und die Emotionen der jeweiligen Rollen.

Kirche: Auch hier ist bereits ein Unterschied, ob es sich hierbei um eine kleine Wallfahrtskirche, um einen gewaltigen Dom, um eine ehrwürdige dunkle Krypta, um eine Feldkapelle handelt. Ebenso wird das Spiel bestimmt von der Tatsache, ob zu der maßgeblichen Zeit Gottesdienst, eine Wallfahrt von Einheimischen stattfindet, ob sich nur einige Beter im Raum befinden oder ob diese Kirche inzwischen »Museum« geworden ist.

In die so beschriebene Kirche kommt ein Brautpaar, einige Touristen (gehen sie zu Hause in die Kirche oder ist ihnen Religion fremd?), ein Beter (besucht er nur »einfach« kurz die Kirche oder hat er ein Anliegen?), der Mesner, einige Bauarbeiter, die einen Kostenvoranschlag für Reparaturen erstellen, eventuell sogar Kirchendiebe, die Kunstschätze auskundschaften (und sich dementsprechend als Brautpaar, Beter oder Touristen tarnen).

Im Wald:
    Hänsel und Gretel auf dem Weg zum Holzplatz, in Begleitung der Eltern.
    Hänsel und Gretel nach der Aussetzung auf dem Weg zum Hexenhaus bei beginnender Dunkelheit.
    Hänsel und Gretel auf dem Nachhauseweg, beladen mit Schätzen.
    Spaziergänger, die ihren obligatorischen Sonntagsspaziergang erledigen.

Die sieben Schwaben

Hier soll nicht nur ein lebendes Bild entstehen von den Schwaben, die mit einem langen Spieß das bekannte Bild von der Angst vor dem »Ungeheuer« (der sich dann als Hase entpuppt) darstellen, sondern ein pantomimisches Spiel – auch Ausrufe oder kurze Sätze sind möglich –, in dem die Typen oder Charaktere der »Helden« genau bezeichnet sind.

Nonsens-Sprechszenen

Durch Rollenbiographie werden bei zwei Spielern Haltungs- und Bewegungsschwerpunkt sowie die Emotion vorgegeben: Ein Psychiater spricht mit seinem Patienten. Den Text dieser nun entstehenden Szene sollen die beiden Spieler aber nicht improvisieren, sondern dem Wörterbuch und einem Postleitzahlenverzeichnis entnehmen, die sie beliebig aufschlagen.
    Eine Szene könnte also folgendermaßen vor sich gehen:
Psychiater: 7881 Großherrischwand Post Herrischried über Säckingen?
Patient: halblinks, er spielt halblinks, augenblickliche Position eines Spielers . . .
Psychiater: 8421 Poikam über Kehlheim, 8011 Poing!

Es ist selbstverständlich, daß der »Sinn« dieser Texte durch Körperausdruck, Emotion und Schwerpunkt getragen wird und tatsächlich vom Publikum »verstanden« wird. Denn »Sprache« ist Übereinkunft. Wenn ab morgen alle Menschen übereinkommen würden, daß die Pferde bellen und die Hunde wiehern, würden ab morgen alle Menschen die Pferde bellen und die Hunde wiehern hören. Sprache wird erst durch den Ausdruck des Körpers lebendig[45].

Weitere Übungsszenen

Beim Elternsprechtag: Ein Lehrer erzählt von den Leistungen des Schülers. Der Vater bittet um Nachsicht.

Im Beichtstuhl: Der Beichtvater entnimmt seinen Text dem Duden, während die Sünden des Beichtenden im Postleitzahlverzeichnis stehen. Diese Übung ist nicht als Blasphemie zu verstehen, sondern als Möglichkeit, menschliche Verhaltensweisen darzustellen!

---

45 Sinngemäß zitiert nach *Jean Tardieu*. Weitere Übungsmöglichkeiten findet man in seinen Stücken.

Ein Ehestreit: Hierbei muß das Blättern sehr schnell vor sich gehen, um den Streit nicht zu verlangsamen.

Im Labyrinth

Forscher erkunden ein Höhlenlabyrinth. Es sind Zaghafte und Mutige, Ängstliche, die ihre Angst zu verbergen suchen, und Draufgänger in dieser Gruppe. Die Schwerpunkte der einzelnen Personen werden vor Beginn der Improvisation festgelegt oder stehen frei. Eine Variation könnte auch Ägäus im Labyrinth des Minotauros sein!

Irgendwann bricht eine Katastrophe über diese Gruppe herein: ein Erdrutsch, ein Wassereinbruch oder das Erscheinen des Untiers. Mit diesem Ereignis ändert sich auch die Emotion der einzelnen Personen.

Menschen im Bus

Mehrere Spieler sitzen als Fahrgäste in einem Linienbus. Die Schwerpunkte sind durch den Beruf, durch die erdachten Erlebnisse der Personen vor dem Einstieg in den Bus bestimmt. Die Emotion von allen Fahrgästen ist jedoch fröhlich, unbeschwert und heiter. Nun steigen eine oder mehrere Personen ein und stören die übrigen Fahrgäste und verderben ihnen die Laune.

In einer netteren Variation dieser Übung sind alle verdrossen, schlechtgelaunt und muffelig. Da steigt ein »Engel« ein. Durch sein heiteres Wesen verzaubert er alle und bringt »Sonnenschein« in den Bus.

Diese Übung sollte auf alle Fälle zuerst nonverbal gespielt werden; die gute oder die schlechte Laune sollte nicht vom Text der Spieler ausgehen, sondern von deren körperlichen Ausstrahlung.

Der belagerte Turm

Eine grundlegende Übung, bei der es nicht nur auf Körperschwerpunkte und Emotion, sondern auch auf einen genauen Ablauf ankommt!

In einem Turm (die Zeit kann das finstere Mittelalter sein – ist aber unwesentlich) sind einige Leute eingeschlossen. Der Turm wird von feindlichen Truppen belagert, die Vorräte gehen zu Ende. Die Gruppe hat sich auf die Dachterrasse geflüchtet und hält nach Rettung und Entsatz Ausschau. Da taucht eine Staubwolke am Horizont auf, aber diese Wolke zieht in der Ferne vorbei.

Hier soll auf die genaue Einhaltung der einzelnen Stufen der Improvisation geachtet werden: *Zustand* (Hoffnungslosigkeit, Hunger, Durst, Müdigkeit) – *Aktion* (die Staubwolke taucht am Horizont auf, zuerst sieht sie einer, dann nach und nach jeder – dieses Schauen sollte unbedingt körperlich und nicht verbal wie »Schaut mal« geschehen!) – *Gemütsbewegung* (die Hoffnung keimt auf – die Enttäuschung über die falsche Hoffnung) – *Zustand* (Hoffnungslosigkeit usw.).

Diese Übung sollte in der Genauigkeit der Durchführung immer wieder erarbeitet werden: Verschüttete Bergleute hören Klopfzeichen; Schiffbrüchige auf einer Insel sehen ein Schiff; heitere Party, die gestört wird und nach Beseitigung der Störung wieder lustig wird, usw.

Diese Übung kann auch mit einer Vorgabe gespielt werden, z. B.: In einer Wohngemeinschaft hat einer Haschisch versteckt. Plötzlich klopft es. Polizei! Hausdurchsuchung! Alle Mitglieder der Wohngemeinschaft halten den Atem an, wenn die Polizisten in die Nähe des Versteckes kommen. Endlich gehen die Polizisten wieder, sie haben »nur« Handzettel und politisches Material gesucht!

Vorgabe: Die Gruppe kommt von der Beerdigung eines geliebten Menschen zum Leichenschmaus zusammen. Alle trauern echt um den Verstorbenen. Durch den Alkohol gelockert, beginnt nun einer der Anwesenden schlecht über den Verstorbenen zu reden, wird aber immer so abgelenkt, daß die nächste Verwandtschaft die abfälligen Reden nicht zu hören bekommt.

Spiel mit Momo

Ausgehend vom großartigen Roman »Momo«, der jedem Körpertheaterspieler zur Intensivierung seiner Phantasie zu empfehlen ist, soll nach dem eben beschriebenen Prinzip gespielt werden: *Grundsituation – Veränderung – Grundsituation*.

In einem Park spielen Kinder gelangweilt im Sandkasten, Mütter sitzen auf Bänken und unterhalten sich, Gärtner sind bei der Arbeit, Verliebte gehen spazieren. Gepflegte Langeweile breitet sich aus, da kommt Momo (ein Kind mit Phantasie) hinzu. Plötzlich sehen die Kinder ein Ufo landen, sie steigen ein und fliegen zu einem fremden Stern. Mit dem Moment der Landung verwandeln sich auch alle Mütter, Arbeiter, kurz alle Erwachsenen in Wesen vom unbekannten Stern, die die Kinder begrüßen (eventuell Phantasiesprache). Mit der Landung der Rakete im Park verwandeln sich wieder alle zurück und die Kinder langweilen sich wieder. Die Landung im Park kann mit einem akustischen Signal verbunden sein, ansonsten würden Texte das Phantasievolle eher stören als vorwärtsbringen...

Wieder spielen Kinder unter Aufsicht der Erwachsenen »etwas Vernünftiges, ohne sich schmutzig zu machen«: Momo kommt und verwandelt durch ihre Phantasie den gepflegten Park in den dichtesten Urwald, den es je gab. Die Erwachsenen werden Bäume, Schlangen, Affen und Eingeborene. Die Kinder spielen mit Tarzan, der sich mit lautem Schrei von einer Liane schwingt. Durch diesen Schrei verwandeln sich die Erwachsenen wieder zurück und gucken mißbilligend auf das schreiende Kind...

Spielort ist diesmal eine Brunnenanlage: Kinder spielen mit den Wasserstrahlen, verwandeln sich in Unterwassergetier, schwimmen durch den Algenwald...

Auf dem Pausenhof einer Schule entsteht durch Phantasie ein Jahrmarktstreiben: Losbuden, Zuckerwattestände und Karussells entstehen, und die Lehrer werden mit offenen Mündern Zielscheiben der Wurfbude...

Während des sonntäglichen Familienessens, bei dem Tante und Onkel eingeladen sind (Junge benimm dich, blamier uns nicht!), wandelt sich das Wohnzimmer zum Thronsaal, Diener tragen für den kindlichen König die Speisen auf, Musikanten spielen. Erst durch den Befehl des Königs »tragt alles ab« verwandelt sich alles zurück...

Schatzsuche

Drei oder vier Personen haben zufällig auf dem Dachboden unter Gerümpel eine Schatzkarte entdeckt (sie wurde jedem von Witzbolden »untergejubelt«) und machen sich nun auf die Suche. Es ist dunkel und sie sehen sich zunächst nicht. Erst am gemeinsamen Treffpunkt beginnt ihr gemeinsames Spiel, das nun der Improvisation freigegeben ist: sie beginnen eine Rauferei, sie suchen gemeinsam oder werden vom Witzbold über den Scherz aufgeklärt.

Wichtig ist es, daß die Personen in Körperschwerpunkt und Emotion gegensätzlich sind! Das heißt, der Schwerpunkt Erde ist ängstlich und schreckhaft, die Person, die von »Feuer« bestimmt ist, ist die Ruhe selbst, usw. ...

Als Variation kann die Geschichte auch so vorgegeben werden, daß jeder der Schatzsucher nur einen Teil der Schatzkarte besitzt und damit auf die anderen angewiesen ist. In dieser Improvisation könnte man nun tatsächlich einen Schatz finden und sich anschließend in den vorher festgelegten Schwerpunkten, wie Geiz, Neid usw., um den Schatz streiten.

»Typische« Erwartung – atypisches Ereignis

Eine Familie lädt den Opa ein, um den man sich in letzter Zeit wenig gekümmert hat, und da bringt der Opa seine 40 Jahre jüngere Freundin mit und findet das selbstverständlich ...

Ein Hausmann hat auf dem Spielplatz unter vielen Müttern Schwierigkeiten mit seinem (pantomimisch gespielten) Kind und löst diese auf seine Weise ...

Ein Hausmann steht am Freitag nachmittag unter vielen Hausfrauen in der Schlange an der Supermarktkasse und findet seine Geldbörse nicht ...

Im Eisenbahnabteil befinden sich neben anderen neugierigen Fahrgästen auch ein junger Mann und eine junge Frau. Da »macht« das Mädchen den Mann an und dieser reagiert verschämt ...

Die Familie sitzt vor dem Fernseher und schaut einen furchtbar spannenden Kriminalfilm an. Kurz vor Lösung des Falles geht der Apparat kaputt ...

Mehrere Vertreter des gleichen Produkts, aber von verschiedenen Firmen, kommen an die Wohnungstür ... Bei dieser Übung kann zuerst die »typische« Verhaltensweise nahe am Klischee gespielt werden: um dann zur Gestaltung von Charakteren vorzudringen.

An verschiedenen Schauplätzen

Für drei Spieler werden Körperschwerpunkt und Emotion festgelegt, die nun noch von verschiedenen Handlungsorten beeinflußt werden. So können z. B. nun als Handlungsorte Party, Zugabteil, Autowerkstatt und Freibad vorgegeben werden.

Einer der Spieler beginnt – ohne Absprache der Reihenfolge – mit einem Handlungsort, alle gehen auf dieses Angebot ein. Während des Spiels geht nun ein weiterer Spieler, ohne Zäsur innerhalb der Szene, in den nächsten Handlungsort über.

In einer Variation dieser Übung können die Handlungsorte den Spielern frei zur Improvisation ohne Absprache überlassen werden.

Nun werden für mehrere Spieler Schwerpunkte und Emotion durch eine Rollenbiographie (Beruf, Alter, Verdienst, Familienleben, Gesellschaftsschicht usw.) festgelegt. Diese bleiben in den verschiedenen Handlungsorten gleich, wobei auch die pantomimische oder real gespielte Tätigkeit festgelegt bleiben soll: Ein Universitätsprofessor, ein Maurer und ein Student oder eine Lehrerin, eine Bardame und eine lebenslustige alte Dame essen in einer Dorfkneipe, in einem vornehmen Restaurant, in einem Touristenimbiß in Italien die gleiche Speise.

In ähnlicher Weise werden ein Liebespaar, zwei Rivalen aus einer Abteilung einer Firma, zwei Rivalinnen um die Gunst eines Mannes und ähnliche »Paarungen« auf einer Party, einer Konferenz, in einem zweifelhaften Lokal, in der Sauna usw. dargestellt. So wird das Liebespaar auf einer fröhlichen Party mit einer anderen Körpersprache kommunizieren als auf einer dienstlichen Konferenz.

Diese Übungen sind auch als Einstiegshilfen in eine Inszenierung sehr hilfreich, da jeder Handlungsort die Körpersprache beeinflußt.

Eine sehr einfache, aber effektvolle Übung ist die Aufgabe, einen kurzen Satz auf einer »Wanderung durch verschiedene Handlungsorte« zu sprechen: Ein Spieler bekommt den Satz »Guten Tag« und spricht diesen nun auf seinem Weg in der Firma vom Pförtnereingang über den Flur, im Vorzimmer, in seinem eigenen Büro bis zur Chefetage.

Tätigkeiten

In diesem Sinne können auch einfache Tätigkeiten zur Erarbeitung einer Rolle behilflich sein. In sogenannten Vorszenen – denn diese Szenen haben mit dem eigentlichen Theaterstück inhaltlich nichts zu tun – kann das Umfeld der darzustellenden Person erarbeitet und erforscht werden.

Beispiel: Woyzeck von *Büchner*
Der Hauptmann, Woyzeck, der Doktor, der Tambourmajor, Marie und die Nachbarin und der Zirkusdirektor
... zählen Geld.
... essen Suppe aus einem Teller.
... lesen Zeitung.
... erzählen einen Traum.
... kaufen beim Krämer ein.

Allgemeinplätze

Die Spieler erhalten auf kleinen Kärtchen typische Allgemeinplätze, wie z. B.:
... solange du deine Füße unter meinen Tisch streckst, tust du, was ich sage ...
... in der Zeitung hat es gestanden und in der Tagesschau hat er es auch gesagt ...

Szenische Übungen und Spielszenen

... uns hat auch niemand geholfen nach dem Krieg ...
... es ist doch sinnlos, gegen die da oben etwas zu unternehmen, der kleine Mann kriegt ja doch nicht recht ...
... wir haben euch unter Opfern großgezogen, und was ist jetzt der Dank ...
... was uns nicht umwirft, macht uns stark ...
... zu meiner Zeit hat es das auch noch nicht gegeben ...
... was soll das Gerede von Emanzipation. Es gibt eben mal Mann und Frau ...

Nun sollen die Spieler Schwerpunkt und Emotion finden und erarbeiten, die solche Sätze hervorbringen. Daraus können dann Szenen entstehen, die sich allerdings vor klischeehafter Gestaltung schützen sollten, um nicht klischeehafte Sätze auch noch durch entsprechendes Spiel zu verstärken. Es hat Hintergründe, wenn Menschen zu »Drucksätzen« greifen, um sich verständlich zu machen!

Tätigkeiten im Vorbeigehen

In dieser Übung spielt ein Großteil der Gruppe in Schwerpunkt und Emotion, die durch den Handlungsort und die Rollenbiographie der Gruppe vorgegeben sind. Auf diese Gruppe treffen nun zwei oder drei Spieler »aus einer anderen Welt«:

... an einer Gruppe Fabrikarbeiterinnen (z. B. wie in der Oper Carmen) geht ein junger Soldat vorbei.
... an einer Rockergruppe, die sich am Straßeneck getroffen hat und den ganzen Bürgersteig versperrt, geht ein Rentnerehepaar vorbei.
... auf eine Gruppe streikender Arbeiter gehen Polizisten, Abgesandte der Gewerkschaft, Vertreter der Firmenleitung oder Frauen, die heißen Kaffee bringen, zu.
... bei einem Klassentreffen hat sich nach 30 Jahren der Großteil der Ehemaligen bereits versammelt und wartet auf die Späterkommenden, die jeweils mit mehr oder weniger Hallo begrüßt werden.

Die Rollen müssen vorher bei dieser Übung ganz genau abgesprochen werden, da diese Etüde in freier Improvisation zu einem heillosen Durcheinander führt. Aber auch hier sei wieder daran erinnert, daß der Text nie im Vordergrund stehen, sondern sich ausschließlich aus dem stummen Spiel ergeben darf.

Spiel mit Hindernissen

Auch ein Verbot, eine gewisse Tätigkeit oder Handlung auszuführen, kann der Inhalt einer möglichst nonverbalen Übung sein: In dieser Etüde sollen der oder die Spieler das »Hindernis«, das Verbot, körperlich sichtbar machen, besonders dadurch, daß sie oder er die Versuchung darstellen, das Verbot zu überschreiten. Der Zuschauer soll also nicht bis zum Ende der Szene gespannt sein, was der Darsteller jetzt eigentlich nicht durfte.

Der klassische Mythos von Orpheus: Orpheus will seine tote Frau Eurydike aus der Unterwelt zurückholen. Durch seinen wunderbaren Gesang verzaubert er sogar den Herrn des Totenreichs und erhält die Erlaubnis, seine Frau ins

Leben zurückzuführen – unter der Bedingung, sich nicht nach ihr umzudrehen, bis er die Oberwelt erreicht hat. In der Sage erliegt Orpheus der Versuchung und sieht sich nach seiner Frau um.

Eine ähnliche Geschichte berichtet uns die Bibel. Als der Herr Sodom und Gomorrha vernichtet, erlaubt er der Familie des Lot die Rettung durch Flucht unter der Bedingung: »Seht euch nicht um!« Frau Lot kann nicht widerstehen und erstarrt zur Salzsäule.

Ähnlich verhält es sich mit der biblischen Geschichte von Adam und Eva: »Von allen Früchten dürft ihr essen, nur von diesem Baume nicht!« In unserer Szene stehen nun die beiden unter dem Apfelbaum ...

Selbstverständlich können diese Übungen auch auf Geschichten aus dem Alltag ausgeweitet werden:
... Man füttert die Affen im Zoo, trotz des großen und weithin sichtbaren Schildes »Füttern verboten« ...
... Man nascht von der Torte, die auf dem gedeckten Kaffeetisch auf die Gäste wartet, obwohl die Mutter es strengstens untersagt hat ...
... Man raucht nach langem Kampf mit sich selbst eine Zigarette, obwohl man geschworen hat, das Rauchen aufzugeben ...
... Man schaut in das Tagebuch der Tochter, das man zufällig beim Saubermachen gefunden hat, obwohl das der eigenen Überzeugung von vertrauensvoller Erziehung widerspricht ...

Übungen zum Solarplexus und Körperschwerpunkt zur Erarbeitung von historischen Szenen

Ausgehend von den Übungen, die *Bertolt Brecht* »Übungsstücke für Schauspieler – Parallelszenen« nennt, soll nun mit Etüden dem »Sitz im Leben« nachgespürt werden.

»Diese Übertragungen stellen das Interesse an den Vorgängen wieder her und schaffen beim Schauspieler außerdem ein frisches Interesse an der Stilisierung und der Verssprache der Originale ... Die Zwischenszenen für ›Romeo und Julia‹ sollen natürlich nicht den schlichten Satz ›Des einen Lust ist des andern Leid‹ belegen, sondern die Darsteller des Romeo und der Julia instand setzen, diese Charaktere widerspruchsvoll aufzubauen.«[46]

Szenen nach historischen Bildern

Da uns zeitgenössische Gemälde und Zeichnungen am besten das Leben in früherer Zeit beschreiben, sollte man diese nicht nur als Vorbilder für historische Kostüme, sondern auch als Leitbilder für Schwerpunkt und Emotion heranziehen.

Die Infantin von *Velasquez:* Wir betrachten das Bild und stellen es zunächst genau in Körperhaltung und Gesichtsausdruck nach. Nun wird das Bild lebendig.

Wir betrachten ein Foto eines Fabrikanten der Zeit um 1870 und stellen diesem nun ein Bild von *Kollwitz* (z. B. Weberaufstand) gegenüber. Beide sagen nun den Satz »Ich habe Hunger«.

Wir betrachten ein Bild des Sonnenkönigs *Ludwig XIV.* Nun übernimmt ein Spieler die Rolle des Königs und ein anderer eines Reporters aus unserer Zeit.

Szenen nach schriftlichen Quellen

Wir lesen die »Zwölf Artikel der Bauernschaft« aus der Zeit des Bauernkrieges: als Bauern in einer Dorfschenke, als Kanzleischreiber, als Fürst, der sich über diese Unbotmäßigkeit empört.

Wir lesen den Brief eines Soldaten des I. Weltkriegs: als Schreiber in einer Gefechtspause; als Vater, der stolz ist, daß sein Sohn den feldgrauen Rock trägt; als Mutter, die Angst hat um den Sohn; als Eltern, die einige Jahre nach dem »Heldentod« des Sohnes den Brief zwischen alten Papieren finden; als Sohn, der sich nicht mehr an den Gefallenen erinnern kann.

Wir singen das Lied »Üb immer Treu und Redlichkeit«: als höhere Tochter im Salon des Biedermeiers; als Emigrant wie *Büchner*, der aus seinem Vaterland fliehen mußte; als Gefangener auf der Veste Hohenasperg, auf der viele Beteiligte an der Revolution des Jahres 1848 eingekerkert waren.

---

46 *Bertolt Brecht*, Über den Beruf des Schauspielers.

Schwerpunkt und Emotion von Zeitungslesern

In Wartezimmern, in Bahnabteilen und in Parks werden sehr viele Zeitungen und Illustrierte gelesen. Nicht immer »bekennt« man sich zu »seiner« Zeitschrift: man liest sie oft zwar mit Interesse, wenn aber andere mit dabei sind, »nur studienhalber«; oder man provoziert durch sein Lesen, wenn z. B. einer im Kreise von »linken« Studenten den »Bayernkurier« aufschlägt oder ein Mann, der einer Emma-Leserin gegenübersitzt, plötzlich einen Playboy hervorholt.

Zunächst sollte also bei dieser Übung eine genaue Rollenbiographie vorausgehen: Liest der Mann den »Playboy« nur im Zug, weil er sich zu Hause nicht zu lesen getraut, oder hat er ihn abonniert? Will er durch sein Abonnement sich selbst oder anderen imponieren, oder interessiert ihn nur ein Artikel und er geniert sich eigentlich für die restlichen Beiträge?

Ein Playboy-Leser und eine Emma-Leserin ...
Ein Bild-Leser und ein Spiegel-Leser ...
Eine Leserin eines Regenbogenblattes und die eines vornehmen Damenmagazin ...

Wichtig für die Spieler dieser Etüde ist auch noch das »Woher« und das »Wohin«: Die Leserin des Regenbogenblattes ist z. B. Fabrikarbeiterin. Sie ist heute um 5.00 Uhr aufgestanden, hat ihren Kindern das Frühstück zubereitet und sie dann in den Hort gebracht. Nach einer 50minütigen Bahnfahrt stand sie nun 8 Stunden am Fließband. Nun sitzt sie der vornehmen Dame gegenüber im Bahnabteil. Wenn sie zu Hause ankommt, wird sie Wäsche waschen, die Hausaufgaben der Kinder nachsehen und dann noch etwas fernsehen ...

Die Dame, die ihr gegenübersitzt, ist die Gattin eines berühmten Architekten, der im Moment auf einem Kongreß ist. Er hat seiner Frau telegrafiert, daß sie ihm für den heutigen Abend Gesellschaft leisten solle. Sie war nach einem ausgiebigen Frühstück zum Friseur gegangen, fuhr dann mit dem Taxi zum Bahnhof und sitzt nun der abgearbeiteten Frau gegenüber, die sicherlich nicht älter ist als sie. Wenn sie in der Kongreßstadt ankommt, wird sie mit dem Taxi ins vorbestellte Hotelzimmer fahren, sich etwas frisch machen und dann ihren Mann vom Tagungszentrum abholen ...

Erst wenn all diese Teile einer Rolle körperlichen Ausdruck gefunden haben, sollte man darangehen, einen Text zu dieser Szene zu improvisieren.

Textgestaltung mit verschiedenen Schwerpunkten und Emotionen

Durch Körperschwerpunkt und Bewegung des Solarplexus kann ein und dasselbe Wort seine Bestätigung erhalten oder denunziert bzw. ironisiert werden. Dazu einige Beispiele:

Konservativ: Im Schwerpunkt der Erde, verwurzelt, unverrückbar; der Körper ruht auf der Erde, aber ist gespannt; der Solarplexus ist offen, nach vorne gerichtet: so wird das Wort »konservativ« glaubhaft.

Im Körperschwerpunkt der Luft, gemischt mit dem Schwerpunkt der Arroganz; der Solarplexus ist nach rückwärts gewendet im Sinne des »bleib mir vom Leibe«: so wird niemand dem Sprecher glauben, daß er »konservativ« als Wert erachtet.

Ich bin heute wieder hektisch: Im Schwerpunkt des Feuers, von hektischen Bewegungen begleitet, den Solarplexus verschlossen, der Blick dadurch unstet: man möchte einen solchen Menschen gerne beruhigen.

Festruhend, mit den Schwerpunkten von Erde und Trägheit versehen, auch der Solarplexus ruht im Mittelpunkt; so zeigt einer seine Überlegenheit über das Lampenfieber oder die Unwichtigkeit der Aufgabe, er ist die Ruhe selbst und fordert durch sein Wort das Lachen der anderen heraus.

Man sollte immer wieder wichtige Worte oder Sätze eines Textes auf diese Weise »durchprobieren«, um sein Ohr und seinen Körper für diese Sprache zu schärfen und zu üben. Doch können diese verschiedenen Lesearten ein und desselben Textes auch dramaturgisch den Inhalt verdeutlichen, indem sie ihn sozusagen von verschiedenen Blickpunkten aus betrachten: Die berühmte Fabel von der Grille und der Ameise, mit der schlimmen Schlußmahnung der Ameise an die Grille »wer nicht arbeitet, soll auch nicht essen«, erhält jeweils einen anderen »Sinn«, wenn einmal die Ameise ihren Kindern, dann aber die Grille ihren Freunden diese Geschichte erzählt. Einmal wird sie im Schwerpunkt und in der Emotion der Selbstsicherheit, der Pflichterfüllung, des »kleinkarierten rechthaberischen Spießers«, dann aber mit Bitterkeit, aber auch mit Verachtung für diese »wohlanständige Bürgerlichkeit« gesprochen, d. h. gelebt.

Auf diese Weise können auch Gedichte und vor allem Balladen gestaltet werden, indem man beim Vortrag den Schwerpunkt und die Emotion der handelnden Personen und nicht den eines Rezitators einnimmt.

Ein wunderbares Beispiel gibt hier *Lutz Görner*[47] mit seiner Interpretation des »Zauberlehrlings«. Er rezitiert diese »Quälerballade« nicht mit feierlicher Würde, sondern im Schwerpunkt und der Emotion eines »Azubis«, eines Auszubildenden, der es genießt, daß sein Chef heute nicht da ist, dem das Wasser in die Schuhe schwappt und der schließlich jämmerlich um Hilfe ruft.

Vielleicht macht auf diese Weise auch den Schülern das Lernen von Gedichten wieder Spaß, wenn sie z. B. in *Meyers* »Die Füße im Feuer« nicht mehr hersagen müssen: Ihr séid ein klúger Mánn und vóll Besónnenheit ..., sondern sich im Sattel zurücklehnen dürfen und den mitreitenden Edelmann aus den Augenwinkeln belauern und wie John Wayne zwischen den Zähnen hervorquetschen: »Ihr seid ein kluger Mann ...

---

47 Aus dem Programm »Goethe für alle« auf Schallplatte.

Natürlich kann man auch aus reiner Lust an der Verwandlung durch Körperschwerpunkt und Emotion ein Gedicht in verschiedenen Variationen sprechen:
Ein Schüler, der das Gedicht auswendiglernen sollte . . .
Ein gefeierter Schauspieler der Jahrhundertwende, der dieses Gedicht »gibt« . . .
Ein hungriger Mensch . . .
Ein Vorsitzender einer bekannten Partei . . .
Ein Redner vom Tierschutzverein . . .

Spielszenen als Übungen zum Körpertheater

Der Weg durch die Prüfungen

Als Grundlage dieser Etüde dienen die Geschichten von Orpheus und Eurydike. Eurydike wurde von einer Schlange gebissen und mußte sterben. Orpheus, der so schön singen konnte, daß sogar die Steine weinten, machte sich auf, um seine Frau aus der Unterwelt wieder zurückzuholen. Er erhielt von Hades die Erlaubnis, seine Frau zurückzuführen. Sollte er sich jedoch unterwegs umdrehen, so war sein Glück vertan. Ebenso phantasievoll ist die Geschichte aus der »Zauberflöte«. Auch hier müssen die Liebenden einen schwierigen Weg gehen.

Um die Darstellung dieses Weges geht es in der folgenden Etüde: für eine pantomimisch geschulte Gruppe eine reizvolle Aufgabe: Geld, Macht und Sexualität als Versuchungen stehen als allegorische Figuren am Wege und versperren den beiden den Durchgang. Diese abstrakten Begriffe können durch Spieler dargestellt werden, die sowohl durch Tätigkeiten (z. B. Geldzählen, sich in Geld baden, usw.) als auch durch Schwerpunkt (Geiz, Neid, Völlerei usw.) den Begriff »Reichtum« darstellen. Die Bewegungen des Solarplexus orientieren sich sowohl an ihrem Auftrag, verführen zu müssen, als auch am Schwerpunkt. Der Weg geht durch die Elemente. Wie schon in der »Zauberflöte« beschrieben, bahnen sich Tamino und Pamina ihren Weg durch Erde, Feuer und Wasser – durch Spieler, die sie als Flammen verbrennen, als Wellen in die Tiefe ziehen wollen.

Doch auch im symbolischen Sinne können die Versuchungen erarbeitet werden.

Der Dschungel der Betriebsamkeit: In nicht endenwollender Hektik laufen Personen durcheinander und verrichten sinnlose, sich verselbständigende Tätigkeiten.

Die Erstarrung der Masken: Menschen treten aus ihrem Alltag heraus und nehmen Masken an. Durch die Masken werden sie zu Robotern, die seelenlos den Rhythmen der Discomusik oder den Militärmärschen folgen.

Die Welt, die den Tod bringt: Folterer und Jäger laden ein, den »Untermenschen« den Willen aufzuzwingen, sie zu beherrschen und sich selbst als Herr zu fühlen.

Das Sterben der Liebe

In dieser Etüde ist der pantomimische Part der Frau auf den exakten Ablauf des Kochens und Tischdeckens bzw. Abräumens – der des Mannes auf das Essen, den Weg in die Fabrik und den Weg nach Hause – beschränkt. Diese pantomimischen Abläufe sollten unverändert wiederkehren.

Ein verliebtes Paar steht vor der gemeinsamen Wohnung. Es betritt die Wohnung: »Unser Heim«. Die beiden lieben sich sehr und der Zuschauer freut sich über diese Liebe. Es beginnt die Szene, die unverändert etwa sechs- bis achtmal wiederholt wird.

Große Verabschiedung. Er geht in die Fabrik, sie bereitet das Essen; er arbeitet am Fließband, sie kocht; er geht nach Hause, sie deckt den Tisch. Beide mimen synchron und treffen sich am Tisch. Nun essen sie gemeinsam. Er steht auf, geht in die Fabrik, sie bereitet das Essen, usw. Während dieser Abläufe wird der Kontakt zwischen beiden, der als »große Liebe« begonnen hat, immer alltäglicher, wird zum Nebeneinander und endet in der Kontaktlosigkeit: das gemeinsame Essen wird zur leeren Hülse.

Party-Splitting

Auf einer Party treffen sich einige Leute, deren Rollenbiographie, Schwerpunkt und Emotion vorher genau festgelegt wurden:
    die Gastgeberin und der Gastgeber,
    ein Paar gleichen Alters, das Schulfreunde der Gastgeber war,
    der Chef des Gastgebers mit Frau,
    ein jungverheiratetes Paar,
    ein Junggeselle.
Während des gemütlichen Abends beginnt die Gastgeberin mit dem Mann, der solo erschienen ist, heftig zu flirten.
1. Szene: Die Party, der Flirt und die offenen oder verstohlenen Reaktionen der Anwesenden auf den Flirt.
2. Szene: Die einzelnen Paare auf dem Nachhauseweg im Auto und das Gastgeberpaar beim Aufräumen.
3. Szene: Die einzelnen Paare am nächsten Morgen beim Frühstück. In die verschiedenen Frühstücksszenen platzt jeweils der Junggeselle. Ihm hat es am Abend so gut gefallen, daß er nun selbst eine Party geben will und die verschiedenen Paare jeweils dazu einlädt.
    Diese Etüden sollten auf alle Fälle zunächst nonverbal, mindestens aber so gespielt werden, daß der Text völlig im Hintergrund bleibt. Schwerpunkt der Übung ist der körperliche Ausdruck der Darsteller, wenn die Szenen nicht zum Diskussionstheater verkommen sollen.

Die Reise des kleinen Prinzen[48]

». . . und als er die Blume zum letztenmal begoß und sich anschickte, sie unter den Schutz der Glasglocke zu stellen, entdeckte er in sich das Bedürfnis zu weinen.
    ›Adieu‹, sagte er zur Blume.
    Aber die Blume antwortete nicht.
    ›Adieu‹, wiederholte er.
    Die Blume hustete. Aber das kam nicht von der Erkältung . . .«
    Es gibt kaum ein Buch, in dem genauer und liebevoller das »Körpertheater« der handelnden Personen beschrieben

---

[48] *Antoine de Saint-Exupéry*, Der kleine Prinz.

Spielszenen als Übungen

wird. Die Geschichte des kleinen Prinzen ist geradezu ein Regiebuch für eine Inszenierung im Sinne des Körpertheaters.

Auf seiner Reise von Planet zu Planet trifft der kleine Prinz, der die emotionalen Bewegungen und den Schwerpunkt eines Kindes hat, auf die »großen Leute«. »Die großen Leute sind sehr sonderbar, sagte sich der kleine Prinz auf seiner Reise.«

So kommt er zuerst zu einem Planeten, auf dem ein König wohnt: »Ah! Sieh da ein Untertan, rief der König... und war sehr stolz, daß er endlich für jemanden König war... Er gab sich den Anschein großer Autorität...«

Der Schwerpunkt des Stolzes, die eingelernten hoheitsvollen Gesten und die künstliche Würde sind seine Schwerpunkte. Seine emotionalen Bewegungen jedoch deuten darauf, wie er sich an seine Würde klammert, um sich nicht eingestehen zu müssen, daß er keine Untertanen hat.

Der zweite Planet war von einem Eitlen bewohnt: »Ah, ah, schau, schau, ein Bewunderer kommt zu Besuch!« Er grüßt bescheiden, indem er seinen Hut lüftet, er läßt in die Hände klatschen, sich zujauchzen und fühlt sich »als der schönste, der bestangezogenste, der reichste und der intelligenteste Mensch...« Besser kann man den Körperschwerpunkt eines eitlen Menschen nicht beschreiben. Der kleine Prinz – den Solarplexus weit geöffnet und fast schwebend vor Verwunderung – fragt ihn: »Und was muß man tun, damit der Hut herunterfällt?...«

Den nächsten Planeten bewohnt ein Säufer, der vor einer Reihe leerer und einer Reihe voller Flaschen sitzt. – Alles an ihm ist Schwerpunkt, er krallt sich in die Erde, um nicht fortgerissen zu werden vom Strudel seiner resignierenden Erkenntnis: »... ›Warum trinkst du?‹ ... ›um zu vergessen‹ ... ›Um was zu vergessen?‹ ... ›um zu vergessen, daß ich mich schäme‹, gestand der Säufer und senkte den Kopf. ›Weshalb schämst du dich‹, fragte der kleine Prinz, der den Wunsch hatte, ihm zu helfen ... ›Weil ich saufe!‹...«

Die Arbeitsweise des Körpertheaters am vorgegebenen Stück

Beispiel: »Romeo und Julia« von William Shakespeare

Zunächst gilt es, die Aussagen der Figur über sich selbst, und die Aussagen anderer über die Haltung, den Bewegungsschwerpunkt und die Emotionen zu sammeln[49].

Tybalt

... der Henker hole diesen phantastischen, gezierten, lispelnden Eisenfresser ...
   Mercutio über Tybalt: ... kein papierner Held ... er ist ein beherzter Zeremonienmeister der Ehre. Ein Raufer, ein Ritter vom ersten Rang, der euch alle Gründe eines Ehrenstreits herzuzählen weiß ...
   Vater zu Tybalt: ... ihr seid ein kecker Mann, Herr Junge, spielst dich hier auf und hast das große Wort!
   Mercutio über Tybalt: ... Rechenbuchfechter ...

Hier kann natürlich nur eine winzige Auswahl der Aussagen über eine Figur angegeben werden. Aber bereits aus dieser kleinen Anzahl kann festgestellt werden:
   Tybalt steht mit beiden Beinen fest auf der Erde ...
... sieht sich als eigentliches edles Oberhaupt der Familie Capulet – er verachtet den Vater Capulet als »Krämerseele« ...
... kann ausgezeichnet fechten, er weiß, daß er auf Frauen wirkt – kein Schöngling, aber interessant ...
... ist die Verkörperung von Ehre und Anstand bzw. was er dafür hält ...
... könnte heute Mitglied einer extremen schlagenden Verbindung sein – ein Rauf- und Saufstudent, dessen Ehrenkodex sich verselbständigt hat ...
Die Bewegungsschwerpunkte des Tybalt: Erde, mit Stolz und Tapferkeit verbunden. Er würde die Brust auch als Schild bieten. Er steht als Standbild für »Männerstolz vor Königsthronen«. Er ist jähzornig, versucht aber, stets »cool« zu bleiben.

Romeo

... Weh mir Narren des Glücks ...
   zu Julia: Ich möchte der Traum sein, der dich umhüllt ...
   zu Tybalt: ... ich bin kein Feigling, ich sehe du kennst mich nicht ...
   zu Julia: ... Oh süße Julia, deine Schönheit hat mich so weibisch gemacht, sie hat den Stahl der Tapferkeit in meiner Brust erweicht ...

---

[49] Bei »Romeo und Julia« dienten außer dem Originaltext als Quellen: *Walter Schmiele,* Shakespeares Romeo und Julia – Dichtung und Wirklichkeit. – *Llorca,* Romeo und Julia.

Mercutio über Romeo: Er ist ja schon tot, durchbohrt von einer blaßen Jungfrau schwarzem Auge, durchs Ohr geschossen mit einem Liebesliedchen ... wie ein ausgenommener Hering, seines Samens beraubt ...

Lorenzo zu Romeo: ... du kindisch blöder Mann ... komm junger Flattergeist ...

Romeo ist sehr beweglich, im Überschuß seiner Kräfte ...

... kommt oft ins Hüpfen und Springen ...

... ist ein Hitzkopf, der sofort ins Schwärmen gerät, wenn ihm etwas gefällt ...

... will alles, und zwar sofort oder gleich sterben ...

... kann als Spätpubertierender himmelhochjauchzend und dann wieder zu Tode betrübt sein ...

... wäre heutzutage ein »Popper«, der alles »ätzend« findet.

Sein Körperschwerpunkt ist das Feuer; er hat Bauchweh, weil er liebt; seine Bewegungen sind oft nicht gesteuert(!), sein Solarplexus ist weit geöffnet, um all die Liebe und die Kraft verströmen zu können.

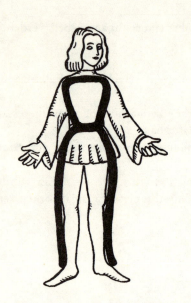

Die Arbeitsweise am vorgegebenen Stück

Julia

über sich: ... weh mir, daß der Himmel solche Tücken übt, gegen ein sanftes Wesen wie mich ...
... so süß ist Trennungsweh, ich rief wohl gute Nacht, bis ich den Morgen sehe ...
zu Romeo: ... doch dächtest du, ich sei zu schnell besiegt, so will ich finster blicken ...
... ich komme Romeo, dies trink ich dir ... (als sie Gift trinkt) ...
Mutter zu Julia: ... nun, Starrkopf ...
Mutter über Julia: ... sie ist ein albern eigensinnig Ding ...
Julia ist anmutig und weiß das; sie ist vielleicht im Kloster erzogen worden; Liebe, Zucht und Ehrbarkeit ist für sei eins ...
... fühlt sich mit Romeo eins ...
... wurde von ihrer ersten Liebe ohne Vorbereitung »wie von einem Hammer« getroffen – ihr Verstand setzt aus, lediglich ihre anerzogenen Verhaltensweisen funktionieren noch ...

Ihr Körperschwerpunkt ist Luft und Feuer gleichzeitig; sie bewegt sich schnell und wie im Traum; sie ist impulsiv und trotzig und zugleich wieder marionettenhaft, wenn die Verhaltensweisen »funktionieren«. Ihr Solarplexus verströmt sich, kann sich aber ebenso verschließen, wenn Sittsamkeit von ihr erwartet wird.

Diese »Körperchoreographie« ist keineswegs als starres Korsett für die Schauspieler zu sehen, sondern nur als Grundlage für ihre Körperbefindlichkeit, als Ausgangspunkt für Rollengestaltung und Konzeption.

In der nächsten Stufe der Arbeit folgten wir nun *Bertolt Brecht* und arbeiteten an den Zwischenszenen, die er für »Romeo und Julia« geschrieben hat[50].

---

50 *Bertolt Brecht*, Über den Beruf des Schauspielers.

In diesen Szenen werden Romeo und Julia in ihrer gesellschaftlichen Stellung gezeigt: Romeo jagt einen Pächter von seinem Hof, weil er das Anwesen verkaufen will. Er braucht ein Abschiedsgeschenk für seine bisherige Freundin. Diese Szene »mündet« wieder in den originalen *Shakespeare*-Text: »Der Narben lacht, wer Wunden nie gefühlt.«

Ebenso gibt Julia ihrer Dienerin zunächst für den Abend dienstfrei, um den Geliebten treffen zu können. Doch als Romeo über die Gartenmauer steigt, muß die Dienerin, ungeachtet der Erlaubnis, bleiben und im Zimmer auf und ab gehen, damit die Eltern die Abwesenheit Julias nicht bemerken.

In einer weiteren Phase der Inszenierungsarbeit verrichten die einzelnen Personen Tätigkeiten, die eventuell in die Szenen eingebaut werden können:

Julia sitzt und stickt an einem Handstickrahmen –
während der Vater mit ihr schimpft . . .
während die Amme auf sie einredet . . .
während sie auf den Brief wartet . . .
während sie auf Romeo wartet . . .
Romeo liest einen Brief –
von Julia, während er allein ist . . .
im Beisein von Mercutio . . .   von Tybalt . . .

Nun werden in den entsprechenden Schwerpunkten und Emotionen die Handlungen erarbeitet, die das Stück vorschreibt. In »Romeo und Julia« sind das vor allem die Fechtszenen und die Sterbeszenen.

Hierbei sollte die Choreographie nicht von außen aufgesetzt werden, sondern sich mit der Entstehung und Festlegung der handelnden Personen entwickeln. Als Beispiel sei von *Wolfgang Kästner* zitiert: ». . . mit der Hälfte der Gedanken ist Tybalt bei dem unmöglichen Verhalten Romeos, mit der anderen Hälfte bei den Frechheiten Mercutios. – ›Ich steh zu Diensten‹ – kommt als Redeschablone über seine Lippen, und mit diesen Worten setzt er sich auch in Fechtstellung. Wie sieht sie nun aus, diese Fechtstellung, nachdem wir so genau wissen, wer sie einnimmt und unter welchen Umständen es geschieht? . . .«[51]

Im Moment, wo Julia das Fläschchen mit dem Schlaftrunk an die Lippen setzt, fragen wir Julia: »Wie sieht die Flüssigkeit in dem Fläschchen aus? . . . Vielleicht grün? . . . trinkst du gerne grüne Sachen? . . . Rieche daran . . . Warum möchtest du eigentlich nicht trinken? Hast du Angst? Probier einen kleinen Schluck? Wie schmeckt es? Und wenn der Priester dir nun etwas Falsches gegeben hat? . . . Nein, er ist ein guter Mensch, der euch helfen will! Aber du hast deine Bedenken . . . Aber es ist deine einzige Chance, zu Romeo zu kommen . . . Also trink einen Schluck . . . Und was ist, wenn die Flüssigkeit nun wirkt und du zu früh oder zu spät aufwachst? . . .

. . . und hier benutzen wir das emotionale Gedächtnis. Denn wenn wir es jetzt nicht benutzen, bleibt die Emotion im allgemeinen. Aber wenn wir etwas konkretes finden, dann fühlst du auch die Realität, und die Worte, die du sagst, kommen aus der Realität . . .«[52] Mit anderen Worten: Überlege nicht, wie man Julia, Tybalt oder andere Personen »anlegen« könnte. Bringe den Körper in die Lage, die Emotion, Schwerpunkt und Situation von ihm erwarten . . . und es geschieht von ganz alleine.

---

51 *Wolfgang Kästner* im Beitrag »Fechten«, in: Grundlagen der Schauspielkunst – bewegen, atmen, sprechen, fechten, schminken.
52 Zitiert aus: *Lee Strasberg*, Das Schaupielseminar; Schauspielhaus Bochum 9.–22. Januar 1978.

Die Arbeitsweise am vorgegebenen Stück

Körpertheater heißt Darstellung und Veranschaulichung menschlichen Lebens, nicht Nachahmung des Lebens mit abrufbaren schauspielerischen Techniken, die – einmal erlernt – stets zur Verfügung stehen. »... Was ist aber dieses Leben? Wenn wir es definieren könnten, wäre dieses Leben nicht, was es ist: undefinierbar, nicht zu erklären, sondern nur zu erfahren, eben zu erleben. Und im Erleben spielt sich auch der schauspielerische Schaffungsprozeß ab. Und wie findet dieses Erleben statt? Zunächst im physischen Bereich. Dem Schauspieler, der sich selbst als Mittel der Darstellung erlebt, ist sein Körper am nächsten.

Durch den Körper erlebt der kreative Schauspieler zunächst, durch ihn wird er zum Künstler, kann er zum Künstler werden, denn durch ihn allein ist er da. Und auch die Stimme ist körperlich. Auch alle inneren emotionalen Vorgänge und Situationen äußern sich und entäußern sich damit im Körper. Daß dieses Erleben in seiner Entäußerung die distanzierende Bewußtwerdung zu enthalten hat, um kreativ zu sein, braucht nach dem oben Gesagten nicht mehr erklärt zu werden...«[53]

Ohne die Entwicklung eines eigenen Erlebnisbereiches, ohne einen »Fundus« von erlebten Schwerpunkten und Emotionen – auch beim Betrachten eines Films oder eines Bildes erlebt man – hat der Darsteller jedoch keinen Ansatzpunkt zur Erweiterung des Erlebten in Szenen auf der Bühne. Dazu brauchen wir den wachen begreifenden Blick der Kinder – Kinder bringen Erwachsene oft in Verlegenheit, wenn sie sie anschauen –, das heißt, wir »müssen wieder vom Baum der Erkenntnis essen, um in den Stand der Unschuld zurückzufallen...«[54].

---

53 Zitiert aus dem Vortrage *Wolfram Mehrings*, aufgenommen in der Schouwburg in Rotterdam am 15. 9. 1976.
54 *Heinrich von Kleist*, Über das Marionettentheater.

II. Teil

Was bedeutet Commedia dell'arte?

Commedia dell'arte ist für viele, die sich mit Theater und Theatergeschichte beschäftigen, ein Zauberwort. Es klingt begeisternd: Harlekin und Columbina treiben auf der Piazza ihre Späße, der ewig traurige Pierrot sitzt daneben, Gelächter und Beifall klingt auf...

Theater beginnt zu leben...

Commedia ist zunächst nicht als Gattungsbegriff des lustigen Theaters zu verstehen, sondern umfassend, im ursprünglichsten Sinne als »Zurschaustellung all dessen, was sich die spielerische Phantasie und Kraft vorstellen kann...«.

Dell'arte heißt zunächst Kunst, sollte aber im Sinne des Handwerks verstanden werden, so wie sich alle berühmten Künstler des Mittelalters und der Renaissance zunächst als Handwerker sahen. Der Begriff »dell'arte« dient zunächst der Unterscheidung und Abgrenzung zur sogenannten »Commedia erudita« – der »gelehrten Komödie« –, die von Laien und Schülern, während die Commedia dell'arte von Anfang an von Profis gespielt wurde.

Die Spielweise der Commedia dell'arte

Man spielte die Commedia »all'improviso«, d. h. ohne festgeschriebenen Text. Dies ist jedoch nicht so zu verstehen, daß die Spieler der Commediatruppen ihren gesamten Text im Augenblick der Vorstellung erfanden. Deshalb ist »aus dem Stegreif« auch eine vielleicht in die Irre führende Übersetzung.

Ein grober Fahrplan legte in großen Zügen den Ablauf des Stückes fest, das *»Sogetto«* wurde aufgeschrieben und an den Bühnenpfosten aufgehängt, so daß jeder Spieler den Fortgang der Handlung wußte oder ablesen konnte.

Und nun brachten die Spieler während der Vorstellung – vergleichbar einem Baukasten mit unendlich vielen Bausteinen – »ihre« Bausteine, »Lazzi« (heute würde man vielleicht *»Gag«* sagen), ihre akrobatischen Fertigkeiten, ihre kurzen Dialogteile aus anderen Stücken in das Spielgeschehen ein und schufen so, ohne Text und Dichter, allein als Erfinder und Träger der theatralischen Handlung, das Stück. Dies war nur möglich, wenn die Schauspieler ihr »Handwerk« gelernt hatten, und oft wurden die Tricks, die Lazzi und die Dialogteile eifersüchtig gehütet und bewahrt.

Es soll nun der Versuch gemacht werden, die Commedia dell'arte aus dem Bereich der Theaterwissenschaft und der Theatergeschichte herauszulösen und sie mit dem Körpertheater »wiederzubeleben«. Natürlich werden wir nie die Fertigkeiten der damaligen Spieler erreichen, natürlich leben wir in einer anderen Zeit, aber die Typen der Commedia dell'arte sind zeitlos, so daß ich zu behaupten wage, daß Harlekin und Columbina, Pantalone und Dottore auch heute noch existieren... man muß ihnen nur die Möglichkeit geben, wieder »ihren Sitz im Leben« einzunehmen.

Was bedeutet Commedia dell'arte?

Bei der Erarbeitung dieses Themas stützte ich mich, besonders im Bereich der Entstehungsgeschichte und Typenbeschreibung, auf das Werk von *Dshiwelegow* »Commedia dell'arte. Die italienische Volkskomödie«, und im weiteren auf »Die Commedia dell'arte und ihre Figuren« von *Spoerri* und »Die Commedia dell'arte und Deutschland« von *Kutscher*. Ich zitiere aus diesen Werken direkt und indirekt. Wer sich mit der Commedia intensiv beschäftigen möchte, muß es als Pflichtübung auffassen, diese Werke zu lesen, um dann auch mit dem Körper begreifen zu können, was »Commedia dell'arte« heißt.

Die Geschichte der Commedia dell'arte[1]

Ein festes Entstehungsdatum der Commedia dell'arte kann es von Natur aus nicht geben, denn alle Elemente, die zu den charakteristischen Merkmalen und Kennzeichen dieser Theaterform werden sollten, fügten sich erst allmählich zur uns bekannten Commedia.

Geht man von der Entstehung der Masken, Typen und ihrer Namen aus, so stößt man auf unterschiedliche Quellen. Zunächst wird man auf die altrömischen Atellanen, eine derbe volkstümliche Possengattung, verwiesen, deren grobschlächtiges Maskenspiel sich in handfester Theatralik um Typen drehte, die in gewisser Weise den Figuren ähneln, die fast tausend Jahre später, jung und unverbraucht auf die Bühne springen:

der gerissene Diener Maccus mit der gehörnten Maske, dem Buckel und dem Körper wie ein ungeschlachtes Weinfaß;

der einfältige und stets betrogene Bucco, der immer alles besser weiß;
der kahlgeschorene Diener Sannio, der mit List und Tücke seinen Kampf gegen die Herren führt;
der wegen seiner Gebrechlichkeit und seiner Senilität verspottete Greis Pappus.
Es ist durchaus möglich, daß diese Typen in der Erinnerung des Volkes lebendig blieben und so das Verbot durch die Kirchenlehrer und die Ächtung durch das theaterfeindliche christliche Mittelalter überlebten.

Auf alle Fälle überlebten diese sinnenfeindliche Zeit die wandernden Gaukler, Fechter, Artisten und Jokulatoren, die – zwar geächtet und vogelfrei – auf den Jahrmärkten und Messen ihre Künste zeigten... Diese können als zweite Quelle der Commedia dell'arte genannt werden. Sie machten sich bestimmt die überkommenen Typen zu eigen, entwickelten neue und versuchten zu überleben, indem sie mit ihren einfachen Künsten die Zuschauer unterhielten.

Als dritte Wurzel ist der Carneval zu nennen, der, aus kultischen Wurzeln stammend, mit seinen Masken und Umzügen, mit Narrentreiben und Charivaris bereits im dreizehnten Jahrhundert – dies ist durch die zahlreichen Verbote der Obrigkeiten zu belegen – zu tumultartigem Treiben in den Städten führte. In diese Festlichkeiten mischten sich sicherlich sehr bald die berufsmäßigen Schauspieler, die Geschichtenerzähler, die Buffonis und Mimen, die mit ihrem parodistischen Spiel Kaufmannschaft, Klerus und Obrigkeit verspotteten.

Besonders beliebt waren unter diesen Schaustellern die Geschichtenerzähler und Improvisatoren. Sie erzählten ihrem Publikum, das meist aus Handwerkern und Arbeitern bestand und das sie mit »Hochedle Versammlung« anredeten, die alten Epen und Sagen. Dies muß ihnen sehr anschaulich gelungen sein, denn eine Anekdote erzählt, daß ein ehrbarer Bürger in Tränen aufgelöst in sein Haus stürzte und mit schmerzerfüllter Stimme rief: »O weh, der große Roland ist tot, helft...« Alle liefen zusammen, wollten helfen oder wenigstens trösten, bis sich herausstellte, daß er vom Geschichtenerzähler kam und der eben Bejammerte schon seit etlichen Jahrhunderten tot war...

---

1 Wie schon in der Einleitung bemerkt, liegen den folgenden Kapiteln zugrunde: *Dshiwelegow, A. K.*, Commedia dell'arte. Die italienische Volkskomödie. – *Spoerri, Reinhard*, Die Commedia dell'arte und ihre Figuren. – *Kutscher, Anton*, Die Comédia dell'arte und Deutschland.

Die Geschichte der Commedia dell'arte

Die Improvisatoren konnten auf Zuruf aus dem Publikum Lieder mit gewünschtem Versmaß herstellen oder in wohlgesetzten Versen über ein gestelltes Thema improvisieren. Schließlich entwickelten sich sogenannte Contrasti – kurze Dialogszenen aus dem Stegreif.

Ab etwa 1420 entstand zunächst an den Höfen und in den gelehrten Humanistenzirkeln der Versuch, das lateinische Theater der Antike, die Stücke von *Plautus* und *Terenz* wiederzubeleben. Bald wurden diese Texte dann von namhaften Humanisten, wie z. B. *Guarino Guarini* (ca. 1470), ins Italienische übersetzt und auch aufgeführt. So wurden anläßlich der Hochzeit des *Alfonso d'Este* und seiner Braut *Lucretia Borgia* im Jahre 1502 fünf Komödien aufgeführt – gespielt von jungen Höflingen. Hierbei schien aber der Pomp am Hofe von Ferrara im Vordergrund zu stehen, denn *Isabelle d'Este* berichtete an ihren Gemahl zwar bewundernd von den 110 prächtigen Kostümen, aber auch zugleich, daß es ihr unerträglich langweilig gewesen sei ... Diese sogenannte »gelehrte Komödie«, die »Commedia erudita«, wurde nun auch von Dichtern, wie *Ludovico Ariosto* (1474–1533) und *Niccolò Machiavelli* (1469–1527), gestaltet, die eigene Stücke an den Höfen zur Aufführung brachten – immer noch von Laien und Höflingen gespielt.

Gleichzeitig wurden an den Höfen zur Unterhaltung der Adeligen Farcen gespielt, in denen einfache Leute auftraten, Bauern vor allem, die ihr Leben schilderten. Hier schuf *Angelo Beolco* die Voraussetzungen für die spätere Commedia dell'arte: Er führte die sogenannten »festen Typen«, die »tipi fissi«, ein. Die Mitglieder seiner Schauspieltruppe wählten feste Masken: den greisen Magnifico, den intriganten Menato, usw. *Beolco* (1502–1540) selbst nannte sich Il Ruzzante, eine bäuerliche Figur, die dem späteren Brighella ähnelte.

Messibugo, der Haushofmeister des Belfioripalastes in Ferrara, schreibt am 20. 5. 1529 in sein Tagebuch: »Beim sechsten Speisenwechsel sang Ruzzante mit fünf Gefährten und zwei Frauen sehr reizvolle Lieder im paduanischen Dialekt. Sie schritten um den Tisch und sprachen dabei höchst unterhaltsame Dialoge über Bauernangelegenheiten im gleichen Dialekt. Dies währte bis zum siebten Gang, der unter den lustigen Gesprächen der venezianischen und bergamaskischen Gaukler und paduanischen Bauern verspeist wurde. Sie gingen um den Tisch herum und fuhren mit ihren witzigen Reden fort, bis der achte Gang erreicht wurde ...«

Für die Commedia dell'arte war alles bereit: die festumrissenen Typen, die vom Publikum an der Körperhaltung, der Maske, dem Klang der Stimme und an der Art der Gesten erkannt, belacht und geliebt wurden; die Kunst der Buffonis, der Geschichtenerzähler und Improvisatoren, die es meisterhaft verstanden, Wort und Gebärde zu verbinden; die Themen der Stücke – entnommen aus Romanen und Gedichten, aus den gelehrten Komödien, aus den Farcen und Schäferspielen an den Höfen; der Karneval, Zündfunke, Auftrittsmöglichkeit und Schule der Satire, getragen vom Geist der Renaissance, der typischen Lebensfreude und von dem Optimismus, den selbst die feudal-katholische Reaktion nicht zu brechen vermochte; das Musikdrama, das »dramma per musica«, das bald durch *Monteverdi* und *Cavalli* mit der »opera« seinen ersten Höhepunkt erreichte und die Komödianten auf dem Gebiet der Instrumentalmusik und des Gesanges – jede größere Commediatruppe hatte später eine Sängerin und eine Tänzerin – inspirierte.

Bald schlossen sich Handwerker in Venedig und in anderen größeren Städten zu Schauspieltruppen zusammen, warteten nun nicht mehr auf die Nachfrage der Adeligen und der Reichen, sondern traten von sich aus auf. Sie nannten ihre Spielweise »dell'arte«, im Gegensatz zum Laienspiel der gelehrten Komödie: professionelles Spiel, Kunst, Handwerk, d. h. Leute, die ihr Spielhandwerk verstehen.

Bereits 1509 kann man in Venedig eine Verlautbarung lesen: ».. . seit einiger Zeit ist in unserer Stadt Mode geworden, bei Festen, Hochzeiten und Gastmählern Komödien zu spielen, sogar in eigens dazu errichteten Gebäuden. Dabei werden von maskierten Personen unflätige Reden geführt und schändliche, schamlose Dinge getan . . .«

Harlekin, Brighella, Pantalone und die anderen Typen der Commedia hatten die Bühne erobert. Was uns blieb von ihrem Spiel, sind Beschreibungen und Abbildungen. Man kann nur erahnen, mit welch turbulentem Leben diese Figuren die uns überlieferten Sogettos und Spielvorlagen erfüllten.

Diese Form des Theaters kann aber auch heute noch – auch wenn nicht direkt Commedia dell'arte gespielt wird – jedem Theater Impulse und Anregungen geben, indem sie uns lehrt, nicht nur den Intellekt, sondern den ganzen Körper auf dem Theater einzusetzen.

Die Figuren der Commedia dell'arte

Die Vecchi

Die erste Gruppe der Figuren und Typen der Commedia bilden die sogenannten »*Alten*« oder »*Vecchi*«. Diese Alten müssen gar nicht körperlich alt sein; es sind die bürgerlichen Haushaltsvorstände. Sie haben »das Nest gebaut«, in das die undankbaren Jungen sich nun setzen und gar nicht wissen, wie dankbar sie eigentlich sein sollten.

Die Alten gehören der begüterten und gebildeten Gesellschaftsschicht an, sind Stadtbewohner und pflegen bewußt die Kultur. Ihre Kleidung, ihre Sprache und ihre Umgangssitten werden von der Würde und der Last ihres Standes bestimmt und in ihrer Übertriebenheit vom Zuschauer belacht. Die Alten sind vom Schicksal begünstigt, sie sind reich oder zumindest wohlhabend und dadurch stets von den weniger Begünstigten verfolgt. Die Zuschauer stehen nicht auf der Seite der Alten. Die Vecchi genießen keine Sympathie, sondern sind Objekte des Spottes. Die Phantasie der Commediaspieler und der Zuschauer hat sie mit allen schlechten Eigenschaften ausgestattet, die eine möglichst große Angriffsfläche bieten.

Pantalone

Ein Venezianer, der seine typische Mundart spricht. Pantalone ist ein Kaufmann – auch wenn er in den verschiedenen Stücken nie seinen Geschäften nachgeht und nie direkt als »Kaufmann« bezeichnet wird –, reich, knauserig, geizig und alt. Er ist immer kränklich und hinfällig: Er stöhnt, hinkt und hat Bauchschmerzen. Er hustet, niest und schneuzt in einem fort. Er hat die Podagra und das Zipperlein, ist aber augenblicklich gesund, wenn Chancen auf ein Liebesabenteuer winken. Denn trotz seiner Jahre ist er von einem übertriebenen Liebesverlangen erfüllt: ein geiler alter Bock. Sein Seelenleben ist von einer ganzen Reihe von Widersprüchen erfüllt: einerseits ist er geizig und habgierig, hält sein Geld zusammen – andererseits ist er auch freigebig, wenn er sich einen Vorteil davon erhofft, und kann aufgrund seiner Leichtgläubigkeit schnell hinters Licht geführt werden.

Er fühlt sich als Autoritätsperson, kleidet sich wie ein Weltmann und bezeichnet sich auch als einen solchen. Doch lassen ihn seine Gebrechlichkeit und seine Naivität – ein altes Kind – die unmöglichsten Unternehmungen wagen. Pantalone ist unermüdlich: Keine Katastrophe, keine Tracht Prügel, keine Abfuhr können seinen Tatendrang hemmen – besonders wenn es um die Liebe geht oder wenn Geschäftsgewinne winken . . .

Wenn er verliebt ist, sucht er mit graziösen Bewegungen, mit Verneigungen und Pirouetten sein Alter vergessen zu machen, um dann, wenn er sich unbeobachtet glaubt, stöhnend seine Wehwehchen zu pflegen.

Noch größer als sein Geiz und sein Liebesverlangen ist seine Selbstgerechtigkeit und sein Starrsinn. Er hält sich für einen Ausbund von Altersweisheit und Lebenserfahrung: ». . . ein Mann meiner Art!« Er muß sich in jede Unterhaltung einmischen und verwandelt diese sofort in einen erbitterten Streit. Er ist ein Feigling, der schon vor langer Zeit tapfer war, ein Hasenfuß, auf seine Gesundheit bedacht. Pantalone ist so, wie ihn sich die Diener wünschen: leicht lenkbar und leicht zu übertölpeln.

Der Typ des Pantalone ist aus allgemeinmenschlichen und nicht nur aus den berufsbedingten Eigenschaften entstanden. Er ist so alt wie die Welt. In der altgriechischen Komödie hieß er παππος, bei den Atellanen, den römischen Komödianten, wurde er Pappus genannt, und bei *Plautus* und *Terenz* tritt er schlicht als »der Geizhals« auf.

Pantalone kann in den Maskenkomödien als Junggeselle, aber auch als Ehemann mit Kindern auftreten. Ist er verheiratet, so ist seine Frau meist sehr jung; in diesem Fall werden ihm bestimmt Hörner aufgesetzt. Meist ist er durch seine Rechthaberei sogar noch der, der die Untreue seiner Gemahlin begünstigt.

Meist aber sind seine Kinder schon selbst im heiratsfähigen Alter. Da sich Pantalone für welterfahren hält, sucht er das Schicksal seiner Kinder nach seinem Willen – denn nur so kann es gutgehen – einzurichten, ohne Rücksicht auf die Wünsche seiner Kinder. In diesem Fall ist dann die Handlung so gelagert, daß die Diener und die Jungen alle Kräfte daransetzen, ihm zum Trotz die Vereinigung mit den Geliebten durchzusetzen. Natürlich hat in diesem Falle dann Pantalone schon alles vorausgewußt und es so eingefädelt.

Oft tritt auch Pantalone als Rivale seines Sohnes auf, indem er dasselbe Mädchen liebt. Dann gilt es mit List und Tücke den Alten hinters Licht zu führen und dazu noch eine möglichst große Mitgift herauszuholen.

Sein Kostüm besteht aus einem roten Wams, roten enganliegenden Hosen, Schnallenschuhen, einem roten Käppchen und einem weiten schwarzen Mantel. Eine meist braune Maske mit langer gebuckelter Nase, ein grauer Schnurrbart oder Kinnbart vervollständigen das Bild.

Es ist bezeichnend, daß die Volksphantasie den »ewigen Geizhals« mit der Gestalt eines venezianischen Kaufmanns verbunden hat. Noch im 14. Jahrhundert wäre es niemandem in den Sinn gekommen, den venezianischen Kaufmann zu verspotten, der die halbe Welt beherrschte, der mit seinem Tatendrang neue Welten öffnete, der mit der Waage und der Geldkatze genausogut umgehen konnte wie mit dem Schwert und den Navigationsgeräten. Dieser Kaufmann hatte aus einigen Laguneninseln die mächtige Kolonialmacht und Republik Venedig gestaltet. Doch mit der Entdeckung Amerikas und dem Fall Konstantinopels begann der Verfall. »Der Kaufmann war alt geworden«, sagt *Dshiwelegow*, und in diesem Augenblick packte ihn die Satire des Volkes. Früher nannte man ihn Magnifico, Messer Benedetto, nun nannte man ihn »pianta Leone«, den, »der das Löwenbanner pflanzt«; eine ironische Bezeichnung für die bescheiden gewordenen Kaufleute, die sich mit der Eroberung kleiner Küstenstriche zufriedengaben, die sich aber zu Hause überschwenglich als Sieger feiern ließen, weil sie wieder irgendwo auf einem kleinen Eiland das Löwenbanner, die Fahne der Stadt Venedig, aufgestellt hatten.

Dottore

Ähnlich wie des niedergehenden Kaufmanns bemächtigte sich die Satire des Volkes des Bologneser Gelehrten. Seit dem 12. Jahrhundert war Bologna die Hochburg des juristischen Wissens im Mittelalter. Überall im Lande waren die Juristen hochgeachtet und verehrt. Sie untermauerten *Friedrich Barbarossas* Theorie der kaiserlichen Gewalt und schufen die juristischen Voraussetzungen für die Rezeption des Römischen Rechtes, d. h. für dessen Verwertung als Grundlage der neuen ökonomischen, sozialen und politischen Beziehungen. Doch dann wurden die Juristen – ebenso wie die venezianischen Kaufleute – von der Zeit überholt. Sie klammerten sich beharrlich an das Alte, zogen bei den Auseinandersetzungen mit den weltoffenen Humanisten den kürzeren, wurden zu Handwerkern des Wissens und Zitierens und lieferten so die zweite Vecchi-Figur in der Commedia: den Dottore Baloardo, Balanzone, Gratiano oder Forbizoni.

Aber welchen Namen er auch trug, immer war er der gelehrte, alleswissende Doktor. Er hat alles studiert: Philosophie, Astronomie, Astrologie, Theologie; er ist Schriftgelehrter und Grammatiker; kurz, er ist die Verkörperung des mittelalterlichen Wissens, er ist der Mann, von dem es heißt, »er hat alles gelernt, aber nichts begriffen ... er weiß so viel von der Welt, daß er die Welt gar nicht mehr sieht ...«.

Schwarz ist die Farbe seines Kostüms: seine Jacke, seine Hose, sein Käppchen, sein Mantel, seine Schuhe ... Diese ernste und bewußt ernsthaft wirkende Zunfttracht eines Bologneser Gelehrten wird nur durch eine weiße Halskrause und ein weißes Tuch im Gürtel aufgelockert. Auch seine Maske ist schwarz, mit Knollennase und kugelförmiger Stirn. Sie läßt die Wangen frei, die rot geschminkt sind, zum Zeichen, daß Herr Dottore einen guten Tropfen nicht verschmäht. Er tritt meist als Rechtsgelehrter, aber auch als Arzt auf, und wie jeder gute Akademiker ist er bestrebt, den Gesprächspartner nicht zu Worte kommen zu lassen. Er redet, wann immer Gelegenheit ist, kommt dabei vom Hundertsten ins Tausendste und findet bestimmt wieder einen Ansatzpunkt, seinen Monolog fortzusetzen, wenn es irgendeinem Menschen einmal gelungen sein sollte, seinen Redeschwall zu unterbrechen. Seine gelehrten Äußerungen können sich an Assoziationsketten wie Haus – Haustür – Türschloß – Schloßgarten – usw. entlanghangeln, er findet Sinnbezüge, die eigentlich keine sind, und er schlägt erbarmungslos mit Zitaten zu, ob sie passend sind oder nicht. Dabei verwechselt er die drei Grazien mit den drei Parzen, Herkules mit Zeus, und sollte ihm der Stoff ausgehen, so zählt er einfach die Namen seiner zahlreichen Lehrer auf.

Will ein Gesprächspartner seine Zitate, Lobreden, philosophischen Unsinnigkeiten und seine Beweisführung nicht schätzen, so läuft er diesem nach, hält ihn fest und zwingt ihn, zu Ende zu hören. Dann erst geht er zufrieden von dannen, während sein Opfer mit Schaum vor dem Mund einem Tobsuchtsanfall nahe ist. Übt er den Beruf eines

Anwalts aus, so gelingt es ihm mit traumwandlerischer Sicherheit, alle belastenden Argumente für den Mandanten auszusprechen, den er eigentlich verteidigen sollte. Seine Rede ist so aufgebaut, daß die Gegenpartei vollkommen beruhigt sein kann: Mag sie auch noch so schlechte Argumente bringen ... keine Angst! Dottore findet noch schlechtere!

Sollte Dottore den Beruf des Arztes ausüben, so werden Gesunde aufgrund seiner medizinischen Betreuung krank, Kranke aber sterben endgültig oder werden wieder gesund, weil sie das Gegenteil unternahmen von dem, was ihnen Dottore riet und verschrieb.

Genau wie Pantalone hat auch Dottore trotz seiner Jahre einen ausgeprägten Hang zum weiblichen Geschlecht und wird ebenso betrogen wie dieser. Aber er hat in einem solchen Falle wenigstens ein tröstendes Zitat im Kopfe: »Nun, auch Hero liebte den Alexander und ertrank im Styx ... denn sie konnten zusammen nicht kommen, die Liebe war viel zu tief ...«

Sollten Dottore und Pantalone zusammen in einem Stück auftreten, so verbindet sie außer ihren Kindern, die sich heimlich lieben, ein unergründlicher Haß aufeinander, der erst besänftigt wird, wenn jeder der beiden glaubt, den anderen beim Ehevertrag kräftig übertölpelt zu haben. Sollten die beiden gar das gleiche junge Mädchen lieben, so nimmt der Ablauf der Commedia tragische Züge an, Mord und Totschlag wird angedroht, und zum Schluß wird der eigene Schmerz übertroffen von der Schadenfreude, daß der andere das Mädchen auch nicht bekommen hat.

Die Rolle des Dottore galt und gilt als sehr schwierig, da der betreffende Schauspieler eine große Bildung besitzen mußte, denn nur ein Mann von Bildung war und ist imstande, durch die Wiedergabe von Bruchstücken aus den verschiedensten Fachgebieten komische Effekte zu erzielen. Heutzutage bräuchte man nicht unbedingt einen Wissenschaftler oder einen Dekan, sondern es würde auch das Halbwissen genügen, das uns die Illustrierten auf ihren medizinischen und juristischen Beratungsseiten liefern.

Capitano

Er gehört im strengen Sinne nicht zu den Alten, verkörpert aber auch einen Teil der herrschenden Klasse, die in diesen Figuren dem Gelächter preisgegeben wurde. In ihm verkörperte sich der Protest des Volkes gegen Fremdherrschaft und Militarismus. Als berufsmäßiger Held trug er stets in grotesker und überzeichneter Form – aber jedem erkennbar – die Uniform der Macht, die gerade wieder einmal Italien besetzt hielt und ausbeutete. Er konnte Spanier, Deutscher, Franzose sein oder auch einer der zahlreichen Söldnerführer. Er brauchte nicht immer eine Maske. Manchmal trug er eine und dann war die große Nase ihr Hauptmerkmal, ebenso wie der mächtige Knebelbart. Sein Kostüm wurde meist noch vervollständigt durch überdimensionale Stiefel und ein Schwert, das übergroß war und deshalb kaum zu gebrauchen.

Er hieß Matamoros, Escarcobombardon, Rinoceronte, Spavento della valle infernale, Tiff Tuff Trappatta oder, wie bei *Andreas Gryphius,* Horribilicribrifax, mit vollem Titel Capitain Dardiridatumtarides, Windbrecher von Tausendwind. In ihm vereinigen sich die Arroganz, die Tapferkeit, die Habgier und die Grausamkeit aller Militärs vom ›miles gloriosus‹ der Römer bis zu den heutigen Generälen, die, wie *Villon* schreibt, »mit Blech verklebt, vom Nabel bis zum Ohr...« sind.

Natürlich kaschiert Capitano mit seinen unmöglichen Aufschneidereien nur seine Feigheit, mit seinem Hochmut und seiner Prahlsucht sein eigenes Elend des herumziehenden und von Beute lebenden Söldners. Seine Reden strotzen so von Unmöglichkeiten und Aufschneidereien, daß es selbst den leichtgläubigsten Zuschauern nicht in den Sinn kommen kann, seine Erzählungen als wahr anzunehmen.

Bis sich endlich ein großer Dichter findet, muß Capitano seine unsterblichen Heldentaten eben selbst besingen; die Taten, die größer sind als alle Taten des Herkules, des Alexander und des Hannibal zusammen. Seine Hauptwaffe, sein unendlich großes Maul, steht ihm dabei immer zur Verfügung. Er ist so gewaltig, daß er ganze Städte allein zerstampft, daß er die männliche Bevölkerung auf einmal mit seinem heißen Atem tötet und die weibliche auf einen Streich vergewaltigt. Selbst der Teufel zitterte, wenn es ihm in den Sinn kommen würde, die Hölle als vorübergehenden Aufenthaltsort zu wählen. Er ist so gewaltig, daß sogar sein Niesen unerträglich für normale Menschen ist: sein Diener muß ihn bitten, sich dabei auf die Seite zu drehen, damit er nicht verletzt wird. Es ist nur ein Glück, daß alle diese Abenteuer und Gewalttätigkeiten nur in der überschäumenden Phantasie des Capitano stattfinden.

In Wirklichkeit ist er ein Hungerleider, der selbst dem Harlekin noch das kärgliche Brot wegstiehlt; ein Feigling, der vor seinem eigenen Schatten Angst hat; der sich lieber mit dem Stock verprügeln läßt, ehe er sein überdimensionales und unbrauchbares Schwert einsetzen wird, vor dem er selbst Angst hat.

Die Figur des Capitano war sowohl im Norden als auch im Süden Italiens präsent. Hatten doch alle Landstriche Italiens unter Kriegsnot zu leiden und das befreiende Lachen nötig über die Grausamkeit und die Arroganz der fremden Soldateska.

»... seht nur hin,
wie Capitano Cordon dort aufgeblasen steht.
Den einen Fuß voran; und wild emporgezwirbelt
der grause, schwarze Schnurrbart
als Zeichen seiner Blutgier, seiner Bosheit ...
Er schäumt vor Kühnheit, und ist doch vor Angst
stets drauf und dran, Reißaus zu nehmen –
Getreues Abbild eines prahlerischen Feiglings.«

Michelangelo Buonarroti, in: Der Jahrmarkt, 17. Jahrhundert

Tartaglia

Im Süden Italiens fehlten der Commedia dell'arte die Typen der beiden Alten Pantalone und Dottore. Diese Lücke schloß Tartaglia. Er war im vorgerückten Alter, stand im spanischen Dienst als Beamter, ein geprügelter und verschüchterter Mensch, der boshaft war und den Druck, den er empfing, an andere weitergab, indem er seinen Mitmenschen, wenn sie vor seinem Schalter standen, das Leben möglichst schwer machte. Sein Hauptmerkmal war, daß er stotterte – wie auch schon der Name besagte.

Er steckte als subalterner Zivilbeamter in einer stilisierten Beamtentracht, seine Maske war eine riesige Brille, auf dem Glatzkopf trug er ein Militärkäppchen.

Er konnte jeder beliebigen Behörde angehören, konnte als Polizist oder sogar als Richter auftreten, war aber auch als Diener bei anderen Leuten zu finden.

Die Kunst des Schauspielers, der diese Figur verkörperte, bestand darin, durch Stottern den komischen Kampf eines Menschen mit sich selbst und seiner Zunge darzustellen, der vieles und Bedeutendes zu sagen glaubt, aber nur Bruchstücke herausbringt, die sich zu Zweideutigkeiten, politischen Andeutungen und frechen Witzen wie von selbst neu formieren. Die einzelnen Laute und Silben, die aus Tartaglias Munde kamen, vereinigten sich durch ihre Verbindungen und Wiederholungen zu Worten und Begriffen, die selbst in der Umgangssprache des Volkes fast unaussprechlich waren – und dies auch noch in der Überzeugung vorgetragen, daß die Lebensart und Kultur der spanischen Besatzungsmacht das Höchste der Welt darstelle.

Wenn ein stotternder alter Mann auf diese Weise Witze über Regierung und Staatsgewalt machte – immer natürlich unfreiwillig, denn eigentlich wollte er ja etwas anderes sagen und verstärkte den Witz auch noch dadurch, daß er dann endlich das geplante Wort herauswürgte –, so kam das beim Publikum besonders gut an. Nicht umsonst achtete die Geheimpolizei des spanischen Vizekönigs von Neapel mit geradezu krankhafter Aufmerksamkeit auf alles, was Tartaglia auf der Bühne sagte, besonders auf das, was er hervorstotterte.

Tartaglia war also nicht der bedauernswerte Behinderte, dessen Handikap ausgestellt wurde, sondern er benützte seine Stammelei, um durch die Bruchstücke der Worte neue Wahrheiten zu formulieren.

Die Zanni

Die Masken der Zanni sind die Seele der Commedia dell'arte. Sie sind das Bindeglied zwischen der Commedia und den Schaukünsten, aus denen sie hervorgegangen sind und die das Wesentliche an ihr bestimmten: ihren Realismus und ihre Volksverbundenheit.

Die Zanni sind die theatermäßig gestalteten Typen der fröhlichen und lebenslustigen Karnevalsbuffoni. Sie sind die Typen aus der bäuerlichen Farce, allerdings ohne deren beschränkte Dummheit und auffällige Derbheit.

Die Zanni sind Plebejer. Sie finden sich nicht mit ihrer Situation ab, sie wollen nicht die Opfer einer Gesellschaftssituation sein, die sie nicht geschaffen haben, in der es für den kleinen Mann oft nicht einmal zum Essen reicht. Sie sind auch der Ausdruck des Protestes gegen die feudal-katholische Reaktion, die mit der Eroberung weiter Teile Italiens durch die Spanier unter dem Banner der Gegenreformation den Geist und den Fortschritt knebelte.

Die Zanni sind Bauern, die, aus ihrer Heimat durch Not vertrieben, in der großen Stadt ihr Glück suchen. Sie müssen versuchen, mit »Zähnen und Klauen dem Leben das bißchen Glück zu entreißen, das anderen schon durch die Geburt gegeben ist«. Die Zanni triumphieren immer auf der Bühne, und um so großartiger sind ihre Siege, je unmöglicher sie im tatsächlichen Leben wären.

Über den Namen und über seine Herkunft haben schon viele Wissenschaftler gestritten. Die einen sehen Sannio, den kahlköpfigen Sklaven der römischen Komödie, andere den südfranzösischen Volksteufel Herlequin mit seinem wilden Heer als den »Stammvater« der Zanni an. Wieder andere leiten den Namen von der Verkleinerungsform von Giovanni (= Hänschen) her. Jeder mag recht haben, jeder mag sich in den Zanni wiederfinden!

Die Zanni der Commedia kommen aus Bergamo. Vor Beginn der Feudalreaktion war Bergamo eines der größten Industriezentren der Lombardei. Als dann die lombardische Industrie langsam zurückging, wurden die Einwohner von Bergamo aus ihrer Heimat auf der Suche nach einem Arbeitsplatz vertrieben. Sie wurden die ›facchini‹ in den Hafenstädten, die Lastträger und Lohndiener, denen keine Arbeit zu schmutzig und keine Last zu schwer war. *Matteo Bandello* entwirft in einer Novelle ein satirisches Bild der Bergamasken: »Um ihre Ziele zu erreichen, sind sie bereit, auch Beleidigungen hinzunehmen. Sie sind gieriger nach Geld und Nahrung als der Bär nach dem Honig. Meistens sind sie argwöhnisch, neidisch und eigensinnig, brechen gerne einen Streit vom Zaun, kränken Leute im Vorübergehen und spielen jedermann alle möglichen Streiche. Sie sind zudringlich wie die Fliegen im Herbst, und man kann nirgends ein vertrauliches Gespräch führen, ohne daß sie sich einmischen. Sie stecken in alles ihre Nase und reden überall mit, wie es ihnen gerade im Sinne steht . . . «

Den Zanni ist jede Unterwürfigkeit fremd, sie liebedienern nicht. Sie stecken zwar Schläge ein, innerlich jedoch ergeben sie sich nicht. Sie kamen als die Repräsentanten des mit seiner Lage unzufriedenen werktätigen Volkes auf die Bühne. Sie kämpften gegen die auf ihnen lastenden sozialen Verhältnisse.

Es gab zwei Zanni, einen ersten und einen zweiten. Später bekamen sie Namen: Den ersten nannte man Brighella, Beltrame oder Bufetto, den zweiten Arlecchino. Sie waren Landsleute und stellten eigentlich bei aller Verschiedenheit zwei Seiten einer Figur dar.

Der erste Zanni ist aktiv, seine Komik entsteht aus Absicht, aus Wollen und Tun. Er ist geschickt, lebendig, schnell, dabei aber hinterlistig und bösartig.

Der zweite Zanni ist immer passiv; das Erleiden der Welt und der sozialen Ungerechtigkeiten, seine Träume von einer besseren Welt schaffen die Differenz zwischen Anspruch und Wirklichkeit, die wir als komisch empfinden. (*Charlie Chaplin* war ein Meister in der Darstellung dieser Differenz.) Der zweite Zanni ist etwas einfältig, aber von gesundem Menschenverstand, er ist gefräßig und stets verliebt.

Beide Zanni sind ihrer sozialen Herkunft entsprechend grob, grotesk und unanständig, da jede ursprüngliche Komik – wie wir auch aus dem Fastnachtsspiel im deutschen Sprachgebiet des Mittelalters ersehen – mit dem animalischen und grotesk-obszönen Witz zusammenhängt.

Brighella
oder *Scapino, Mezzetino, Pasquariello, Pedrolino, Coviello*

Brighella trägt als Kostüm eine Art Livree: Auf dem weißen Kostüm, auf den Ärmeln und auf dem Mantel sind grüne Streifen – ein Zeichen dafür, daß er bereits ein fest angestellter Diener ist.

Diese seltsame grüne Farbe paßt zu seiner Bitterkeit, die er wie eine Standarte vor sich herträgt, seine Galle, die er überall versprüht. Im Gürtel steckt ein Dolch, manchmal aus Holz, doch auch mit scharfer Klinge, die er wohl einzusetzen weiß. Seine Maske ist dunkel, oft von einem zottigen Bart umrahmt, die gebrochene Nase sitzt wie ein Geierschnabel im Gesicht.

Brighella weiß stets, was er will: er ist entschlossen, im Lebenskampf seinen Mann zu stehen; er verzeiht niemals und vergißt keine Schmach, die ihm angetan wurde, nur weil er niedrigen Standes ist; er hat gelernt zu hassen.

Er wird niemals zum Werkzeug, versteht es aber meisterhaft, andere für seine Zwecke einzuspannen. Er weiß, welchen Ton er in bestimmten Situationen und bei bestimmten Leuten anzuschlagen hat. Die Kunst der Schmeichelei beherrscht er ebenso wie die der auffälligen Aufschneiderei: ungezwungen und charmant mit Frauen, unverschämt zu den Alten, mutig gegenüber den Feiglingen und unterwürfig – aber nur scheinbar – den Mächtigen gegenüber, redet er sich laut und unflätig durchs Leben.

Brighella fürchtet weder Gott noch Teufel. Wenn sein Herr ihn gut bezahlt, ist er bereit, ihm treu zu dienen, doch nur solange er keinen anderen findet, der seine Dienste noch besser entlohnt. Er verachtet die Diener, die ihrem Herrn ergeben sind: Geld gegen Leistung, nicht mehr; Liebe zum Herrn ist für ihn glatter Unsinn. Wenn er sich einen Vorteil auf Kosten eines anderen verschaffen kann, schlägt er zu: hätte doch der andere besser aufgepaßt! Sein Eigentumsbegriff ist »fließend«: »Was heißt hier stehlen? Ich habe es nur gefunden, bevor es der Eigentümer verloren hat!« Und Diebesgut ist etwas, was man schon vor dem Tod des Besitzers erbt. Was tut es, wenn er sich als Befreier von einigen gefangenen Geldbörsen betätigt und ihnen die grenzenlose Freiheit in seinen Taschen schenkt?

Brighella ist der natürliche Gegner der Alten, weil sie das Leben nach ihren Normen einrichten wollen, weil sie die Jungen daran

hindern, sich zu lieben und glücklich zu werden; er hilft den Jungen, weil sie sich wie er ein besseres Leben erhoffen.

Brighella ist die Lieblingsmaske der Plebejer. Die kleinen Leute, die Diener und Lastenträger zollten seinen Witzen und Intrigen Beifall und verziehen ihm auch, wenn er vom rechten Weg abwich; denn er tat nur, was für sie unter schwerer Strafe stand.

Brighella war der Träger der sogenannten Intrige. Er mußte den Knoten der Handlung knüpfen und wieder auflösen, er mußte die verschlungenen Handlungsstränge noch mehr verwirren und sie schließlich wieder entknoten. Er mußte das Szenarium in- und auswendig kennen, nie um eine Antwort oder einen Witz verlegen sein.

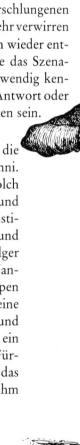

Später wandelt sich dann die Figur des frühen ersten Zanni. Er wird fröhlicher – sein Dolch wird zum Holzschwert – und ein Lebenskünstler mit lustigen Einfällen. Scapino und auch Figaro sind Nachfolger Brighellas, der mit der Wanderung der Commediatruppen an die Höfe der Fürsten seine Bedeutung einbüßte und schließlich verschwand: ein Brighella hatte an einem Fürstenhof nichts zu suchen, das Bücklingmachen lag ihm nicht.

Arlecchino – Harlekin
oder *Truffaldino, Frittelino, Bagattino, Guazetto, Tabacchino*

Arlecchino, der zweite Zanni, ist zu weltweitem Ruhm gekommen, ist der Inbegriff der Commedia geworden, obwohl er ursprünglich im Schatten Brighellas stand.

Wie war es möglich, daß ein einfacher Bauernbursche zu einer solchen Gestalt stilisiert wurde? Sein ursprüngliches Kostüm, von Flicklappen unterschiedlicher Größe und Farbe übersät, war ein Symbol der Armut, aber auch der Fröhlichkeit. Auf der Krempe seines Hutes war ein Hasenschwänzchen befestigt. Seine dunkle Maske war mit Haaren umrahmt, zwei katzenhafte Augen gaben ihr einen spezifischen Charakter. Auf der Stirn ein Horn, eine Beule – vielleicht die letzten Reste seiner Vorfahren, der Atellanen und der Teufel der Mysterienspiele. Erst im Laufe der Entwicklung der Commedia in Frankreich wurde sein Charakter weniger primitiv und bäuerlich. Er wurde witzig, ironisch, trauriger und melancholischer, aber auch wieder ursprünglicher und tierhafter, sein Kostüm bekam die graphisch kunstvollen Rauten und den Zweispitz.

Doch durch alle Zeiten hat er nicht seine Fröhlichkeit, seine Naivität, seinen Hunger und sein Verlangen nach Liebe verloren. Harlekin schwebt gleichsam über der Wirklichkeit, obwohl er – aufgrund seiner Herkunft und sozialen Stellung – eine durchaus lebensechte Gestalt ist. Er geht niemals so an die Dinge heran, wie es seine eigenen Interessen erfordern würden, er wägt niemals ab, sondern handelt aufs Geratewohl – aufgrund seines spontanen Gefühls –, wobei er immer den zweiten Schritt vor dem ersten tut, natürlich dann dafür büßen muß und meistens Prügel bezieht. Trotzdem verliert er nie seine Lustigkeit und seine freundlich-naive Anschauung über die Welt. Sein Holzschwert dient nicht mehr zur Verteidigung, sondern wird Salatbesteck usw. Arlecchino ist im Stück alles erlaubt. Er kann reden, wenn er will, er darf stumm bleiben, er kann Sprünge machen oder starr wie eine Statue stehen bleiben, kann plötzlich in Weinen oder Lachen ausbrechen, Tierlaute von sich geben oder seine Verdauung pflegen, auch unflätige Worte oder Bewegungen werden ihm verziehen. Denn alles, was er tut, ist vom Charme eines Kindes getragen – ungefährlich und unverletzend komisch.

Sein Entzücken für Essen und Trinken kommt aus tiefster Seele und wird höchstens noch von der Vorfreude auf Liebe übertroffen. Seinem Herrn ist er meistens treu, auch wenn er versucht, zwei Herren gleichzeitig zu dienen, um doppelt essen zu können. Die Treue zum Herrn gilt mehr dem Brotgeber; ebenso weiß er nie genau, ob er nun Columbina, Fantesca – wie die Mägde und Dienerinnen heißen – mehr liebt als die Speisen, die sie zubereiten oder in der Speisekammer verwahren. Seine Gedanken hinken immer seinen Bewegungen hinterdrein, »die Unterscheidung von rechts und links ist für ihn ein Weltproblem. Die schwierigsten Fragen löst er dadurch, daß er sie nicht versteht . . .« Er hat keine Ahnung von der Boshaftigkeit der Welt; selbst wenn man ihn in Ruhe ließe, würde er sich selbst ständig durch seine unersättliche Neugierde in Schwierigkeiten bringen. Harlekins Reaktionen sind kaum vorherzusehen. Er weiß über sich ja auch nicht Bescheid, denn jede Idee, jeder Gedanke übersetzt sich sozusagen selbst in eine Aktion seines Körpers: »Harlekin ist Körper gewordene Poesie.«

Columbina
oder *Fantesca, Smeraldina, Servetta, Zagna, Franceschina*

Ursprünglich war Fantesca Bäuerin, dann Zofe, Köchin oder Dienerin. Die Wirtschaftskrise des 16. Jahrhunderts trieb nicht nur Männer, sondern auch Frauen und Mädchen in die Stadt. Es ist aber durchaus verständlich, daß diese in die Stadt verschlagenen Frauen noch hilfloser und rechtloser waren als die Männer. Dies hat sich bis in unsere Zeit noch nicht sehr verändert. Der Name Zagna – vielleicht der ursprünglichste – zeigt an, daß sie zu den beiden Zanni gehört. Sie entstammt der gleichen sozialen Schicht, ihr Kostüm ist nicht sehr spezifisch und entspricht dem einfachen Frauenkleid der Zeit. Das Rautenkleid der Frau Hanswurst entstand erst sehr viel später und gehört eher zur Figur des Kammerkätzchens der Operette als zur derben italienischen Magd.

Columbina ist eine lustige handfeste Person, die das Herz am rechten Fleck hat. Als Magd herrscht sie in der Küche und verteilt ihre Gunstbeweise an die Zanni in Form von nahrhaften Speisen und Leckerbissen. Manchmal ist sie auch Dienerin oder Zofe der Frauen oder Fräuleins im Hause des Pantalone oder des Dottore. Diesen hilft sie – aus weiblichem Solidaritätsgefühl –, den Vater bei einer heimlichen Eheschließung zu hintergehen oder den Liebhaber der Hausfrau ins Schlafzimmer zu bringen und so dem Herrn Hörner aufzusetzen. Dabei vergißt sie auch ihre eigenen Interessen und ihr eigenes Glück nicht. Ebenso betont sie jedoch stets, daß sie nicht gewillt ist, den einfachen Weg zu gehen und sich als Kurtisane aushalten zu lassen. Sie will ehrlich bleiben und ihre Unschuld nur bei dem verlieren, den sie liebt. Sie verkörpert eine einfache und oft derbe Erotik, die mit dem Vergnügen gepaart ist, die Männer zum Narren zu halten. Sie ist das Ziel aller Verliebten, vom alten Pantalone bis zu Harlekin, sie muß sich der Annäherungsversuche der vornehmen Söhne des Hauses ebenso erwehren wie der herrischen Gelüste Brighellas.

Columbina hat es schnell gelernt, sich mit unflätigen Ausdrücken, spitzen und frechen Bemerkungen oder, wenn alles nichts hilft, einer Ohrfeige oder eines noch derberen Schlages all die verrückten Männer vom Leibe zu halten, um am Ende doch den zu bekommen, den sie sich schon immer

als Ehemann gewünscht hat. Manchmal denkt man, sie sei unter all den verrückten Alten, den Liebhabern und Liebhaberinnen und geschäftigen Dienern die einzige Person mit gesundem Menschenverstand.

Durch diese Rollencharakteristik wird sie zur ersten emanzipierten Frauengestalt auf den europäischen Bühnen und bildet ein Gegengewicht zu all den braven Töchtern, die den Vätern und Brüdern aufs Wort gehorchen, auch wenn sie vor Liebesschmerz fast sterben, und all den sittsamen Ehefrauen, die zwar heimlich, aber nie öffentlich gegen ihre Männer opponieren.

Die Innamorati oder Amorosi
die unsterblich verliebten *Flaminia, Isabella, Angelica, Rosaura, Lucia, Lucretia, Beatrice, Flavio, Ottavio, Silvio, Florindo, Lelio, Orazio, Leandro, Valerio*

Die Figuren der Liebespaare bildeten von Anbeginn der Commedia den unentbehrlichsten Bestandteil der Handlung: Wenn die Liebesintrige zum guten Ende geführt war und alle den bekamen, den sie wollten, war auch das Stück zu Ende.

Die Erkenntnis, daß die Liebe eine durchaus berechtigte Empfindung sei, war ein wichtiger Grundsatz der humanistischen Geisteshaltung. Diese Anforderung, daß Liebe nicht etwas Sündiges und Verderbtes sei, herrschte auch in der Commedia erudita, wie es *Machiavelli* in seiner »Mandragola« beweist. Auch im Karneval herrschte dieses Motiv vor.

Im Interesse der dynamischen Handlung mußte das Werben und Streben der Liebenden stets von Erfolg gekrönt sein: Komödie duldet keinen tragischen Liebesverzicht oder vergebliche Liebesmüh. Die Verliebten waren von allen Commediafiguren am wenigsten »typisch«. Trotzdem wiesen auch sie charakteristische Züge auf. Sie sprachen stets in hehrem Tone von der Liebe, fanden blumige Vergleiche – oft parodiert und veralbert von den Zanni, die ja das sinnliche Moment der Liebesbeziehungen verkörperten –, zitierten Gedichte und schrieben selbst wehmutsvolle oder feurige Sonette, ließen nächtliche Ständchen veranstalten oder sangen selbst unter dem Balkon der Angebeteten. Dabei durften sie ihre eigenen Gefühle nie ganz ernst nehmen, sondern mußten ihre Worte und Liebesbeteuerungen immer mit einem Anflug von Ironie begleiten. Dies war unvermeidlich, da alle Aufführungen der Commedia einen satirischen Grundton enthielten.

Die Kleidung der Liebenden entsprach der herrschenden Mode. Die Männer mußten nicht nur elegant aussehen, sie mußten sich auch galant und kultiviert betragen. Die Frauen mußten stets züchtig und bescheiden sein – wie es dem vorherrschenden Frauenideal dieser Männergesellschaft entsprach.

Die männlichen Innamorati waren stets Söhne aus gutem Hause, die weiblichen waren junge Mädchen, die unter der Obhut der Väter oder Brüder auf den für sie bestimmten Mann zu warten hatten – meistens trafen sie dann zufällig auf dem Kirchgang den Mann, in den sie sich unsterblich verliebten –, oder es waren Frauen, die als Ehemann einen alten Despoten hatten, dem es jederzeit zu gönnen war, daß ihm Hörner aufgesetzt wurden.

Unter den weiblichen Rollen gab es zwei typische Charaktere: Die eine war die herrische, stolze, befehlsgewohnte und spöttische Frauengestalt, die sich aber, wenn der »Richtige« kam, ihrem Geliebten völlig unterwarf. Die andere war die weiche, anschmiegsame, zärtliche und romantische Frau, die Wachs war in den Händen ihrer Verehrer.

Die männlichen Rollen weisen ebenfalls unterschiedliche Charaktere auf: Der eine gab sich ungezwungen, unverschämt, lebenslustig und despotisch – ein Casanova vom Scheitel bis zur Sohle. Der andere war schüchtern, bescheiden und kam vor Aufregung oft ins Stottern.

Die Verliebten sprachen die reine Literatursprache und waren damit die ersten Spieler, die das Prinzip des »all'improviso« aufweichten, indem sie festgelegte Texte in das Spiel einbrachten. Sie mußten stets den Eindruck erwecken, zur wohlhabenden Oberschicht zu gehören. Sie trugen prunkvollen Schmuck zur Schau, der zwar nicht echt war, aber die Verschwendungssucht der Oberschicht karikierte, obwohl wörtlich keinerlei Kritik an den Nichtstuern und Tagedieben der vornehmen Gesellschaft geübt werden durfte.

Darstellungsschwerpunkte der Typen in der Commedia dell'arte

Pantalone

Er ist zunächst alt; d. h. wie bei jedem alten Menschen – natürlich werden in der Commedia diese Merkmale grotesk übertrieben – wird der Bauch etwas größer, die Haltung vornübergebeugt. Dadurch ergibt sich ein Hohlkreuz, das bei Pantalone in eine fast waagrechte Haltung des Oberkörpers übergeht.

Die kleinen Schritte des senil gewordenen Kaufmanns betonen seine Gebrechlichkeit, die zur Zeit schmerzenden Körperteile werden übervorsichtig bewegt und dadurch hervorgehoben. Der Nacken streckt sich und mit ihm das Kinn. Diese Haltung wird noch durch einen Ziegenbart verstärkt und verleiht Pantalone einen gierigen und mißtrauischen Ausdruck. Dadurch wird auch schon der Körperschwerpunkt des Geizes vorgegeben: das vorgestreckte Kinn, der nach vorn geneigte Brustkorb und die lebhaft in die Runde spähenden Augen. Seine typische Handbewegung ist das ständige Reiben der Hände – teils Gewohnheit, teils Vorfreude auf Gewinn oder Liebesgenuß.

Wenn Pantalone auf Freiersfüßen geht, so versucht er die Merkmale des Alters zu vertuschen, betont sie aber gerade dadurch und wirkt damit komisch. Der Bewegungsschwerpunkt rutscht in den Unterleib. Dadurch ändert sich sein sonstiges nöliges näselndes Sprechen in ein Gurren und brünstiges Stammeln.

Dottore

Sein Bewegungsschwerpunkt ist der Kopf, der mit Luft gefüllt ist. Er schwebt sozusagen über den Dingen dieser Welt. Er stützt den Kopf ausnahmsweise zum Nachdenken in die Hand, öfters aber führt er mit theatralischer Geste die Hand zur Stirn. Durch diese Haltung läuft der Dottore sehr gestelzt und gespreizt. Durch das viele Studieren in den Büchern ist der Dottore oft kurzsichtig, was durch den vorgestreckten Kopf und die zusammengekniffenen Augen zum Ausdruck kommt.

Natürlich kann infolge des Alters – da er kein Kostverächter ist – auch ein Dottore einen kleinen Bauch ansetzen, jedoch sind seine Beine und sein Gang infolge der mangelnden körperlichen Betätigung stets storchenhaft.

Seine typische Handbewegung ist der rechthaberisch in die Luft bzw. in die Wolken gestreckte Zeigefinger, meist begleitet von einem schrillen »Accidit in puncto . . .!«

Capitano

Seine Bewegungsschwerpunkte sind die, von denen er selbst erzählt: sein Körper eine Festung – Erdwall und Fels in der Brandung in einem, und damit Körperschwerpunkt Erde –, seine Brust ein Schutzwall, hoch herausgewölbt wie Körperschwerpunkt des Zorns, immer bereit, seine Stimme »wie Donnerhall« zu erheben.

Seine Gesten sind ausladend, ja ausufernd, sein Gang gleicht dem eines Pfaus, der eben erst sein Rad entfaltet hat. Atem und Stimme bekommen den richtigen Klang, wenn er seine Namen nennt und mit dem Schwerpunkt der Eitelkeit – ohne die bisher genannten zu vernachlässigen – auf den Erfolg dieser Titel wartet.

Tartaglia

Die eingezogene Brust, das ständige Händereiben und der stets hin und her schaukelnde Oberkörper – Sinnbild eines »Radfahrers« – und der unterwürfige Blick, sowie das ständige zustimmende Nicken des Kopfes mit vorgeschobenem Nacken bestimmen die Körperhaltung Tartaglias im Umgang mit Vorgesetzten.

Anweisungen und Dienstanweisungen seiner Vorgesetzten begleitet er mit bewundernden Blicken und ausgebreiteten Händen – immer nur die Weisheit seines Vorgesetzten bewundernd. Doch in der Amtsstube, wenn er zu befehlen hat, da streckt sich sein Rücken, das vorgeschobene Kinn zeigt Mißtrauen und Vorsicht. Wenn er seine Amtsautorität beweisen muß, richtet er sich stückchenweise auf und geht bewußt und gespielt in den Schwerpunkt des Zorns, der seine Stimme, die vom ständigen Ducken leise geworden ist, voluminöser machen soll. Sein hauptsächlicher Körperschwerpunkt ist aber seine Zunge, die zu groß, zu unförmig in seinem Munde liegt. Will er ein Wort aussprechen, so nimmt er mit dem ganzen Körper »Anlauf«, jede Sehne jeder Muskel ist gespannt und wartet auf das Ankommen des Wortes.

Bei der Darstellung des Tartaglia sollte jedoch stets berücksichtigt werden, daß das Stottern und Stammeln nur Mittel zum Zweck, nicht aber ein Ausstellen einer Behinderung ist und war.

Harlekin

»Arlecchino ist Körper gewordene Poesie ... Arlecchinos Reaktionen sind nie vorauszusehen. Er weiß über sich selbst am wenigsten Bescheid, denn jede Idee, jeder Gedanke übersetzt sich sozusagen selber in irgendeinem unerwarteten Körperteil in Aktion ...« Dies ist eigentlich an sich schon eine wunderbare Definition des Körperschwerpunktes Feuer. Harlekin ist im Sinne des Wortes »springlebendig«. Immer in Spannung, immer hüpfend, von einem Bein aufs andere tretend, hat er Schwierigkeiten, die Bewegungen seiner Glieder zu organisieren.

Alle Bewegungen kommen aus dem Bauch, der stets hungrig nach Essen und nach Liebe ist. Wenn Harlekin traurig ist, so verläßt zuerst den Bauch die Spannung, die eben ausgeführte Geste erstarrt für einen Augenblick in der Luft, und erst dann werden Arme oder Kopf in Richtung des Zentrums geführt, bis Harlekin sich in Schmerz und Trauer wie ein Embryo zusammenkrümmt.

Um die Bewegungsschwerpunkte des Harlekins zu üben, ist es notwendig, die Haltungen und Emotionen von Kindern zu studieren. Auch diese weinen im einen Augenblick, um im nächsten wieder fröhlich zu lachen und weiterzuweinen, wenn sie sich wieder an ihren Schmerz erinnern.

Darstellungsschwerpunkte der Typen

Brighella

Seine Haltung ist stets gespannt, aber locker. Er weiß, daß er seine Kräfte einsetzen kann, wenn es darauf ankommt. Sein Körper ist erdhaft, in sich ruhend, ohne die Schwerfälligkeit zu betonen. Wenn er es für nötig hält zu ruhen, sind seine Bewegungen stets bestrebt, einen bequemen Platz zum Sitzen oder Liegen zu bekommen, auch wenn sein Herr ihm eine Arbeit befohlen hat. Er zeigt mit dem ganzen Körper, was er denkt, fühlt und will. Er nimmt mit dem Schwerpunkt der Verachtung und der Trägheit die Anweisungen eines wichtigtuerischen Herrn entgegen und wird »Feuer«, wenn es um seinen Vorteil geht.

Columbina

Dieser Frauengestalt einen speziellen Körperschwerpunkt zuzuweisen hieße, die Figur zu zerstören. Columbina ist lasziv und aufreizend, wenn sie es für nötig hält, und spielt die schüchterne Jungfrau, wenn ihr diese Haltung als Schutz gegen Annäherungsversuche geboten erscheint. Ihre häufigste Haltung ist vielleicht der stolz und selbstsicher gereckte Oberkörper mit den in die Hüften gestemmten Händen. Das Kinn ist frech gestreckt; so blitzt sie ihr Gegenüber an, mit ironischem Augenaufschlag. Doch diese Haltung ist meist nur Ausgangspunkt für die drohend zum Schlag erhobene Hand oder die ausgebreiteten Arme, um den Liebsten zu umarmen.

Ihre Grundhaltung ist der Schwerpunkt des Feuers, immer wach und gespannt.

Innamorati

Ihr Bewegungsschwerpunkt ist zum großen Teil von der Kleidung bestimmt: vornehme Roben, enge Korsetts (auch wenn der Darsteller keines trägt!) und enge Seidenhosen und Westen bestimmen automatisch den Körperschwerpunkt der Eitelkeit und der Eleganz. Wenn die Verliebten von Liebe sprechen, so »schweben« sie im Schwerpunkt der Luft und zelebrieren ihre Sonette und Romanzitate; doch können sie auch zu »Erde« zurückkehren, wenn der Vater die Heirat verbietet und es gilt, die eigenen Interessen durchzusetzen. Zur Grundhaltung gesellen sich noch die rollenspezifischen Körperhaltungen.

Die heroisch-kalte Frau, die mit stolz emporgerecktem Kopf einen Liebhaber abweist und ihn aus den Augenwinkeln belauert, wie er in ihrem Netz zappelt . . . Die anschmiegsame sanfte Frau, die mit gesenktem Kopf und verschämtem Blick die Liebesschwüre des Angebeteten erwidert . . .

Der dynamische, auf Abenteuer ausgehende Casanova, der, wie ein Jäger spähend, seine Brust stolz gereckt, einherstolziert . . .

Der Schüchterne, Unsichere, der wie auf heißen Kohlen sitzt, wenn er beim Tee mit seiner Angebeteten auf dem Sofa Platz genommen hat, sein Taschentuch nervös in den Händen zerknüllend . . .

Zur Darstellung der Typen und Figuren der Commedia dell'arte ist anzumerken, daß die oben beschriebenen Körperschwerpunkte nur als Hilfestellung, nicht aber als Gebrauchsanweisungen zu betrachten sind. Man muß sich die Figuren, die man in der Commedia darstellt, im Sinne des Wortes »zu eigen« machen, um sie als lebendige Gestalten dann auf die Bühne zu bringen. Keiner, der sich mit der Commedia schauspielerisch beschäftigt, sollte vergessen, daß »dell'arte« ganz schlicht und einfach »Handwerk« bedeutet.

Szenische Übungen und Etüden zur Commedia dell'arte

Die nun folgenden Etüden und kleinen Spielszenen sollen zum Training und zur Einübung der spezifischen Körperschwerpunkte der verschiedenen Commediafiguren, zur Erarbeitung des überschäumenden Spieltempos der Szenen, aber auch als Vorlage zur Improvisation von eigenen Commediaszenen dienen.

Wie schon die Spieler der Renaissance sollte man beim »Erfinden« von Geschichten und Spielvorlagen nicht allzu ängstlich sein: Auch angesehene Truppen holten sich damals die Stoffinhalte ihrer Stücke von allen möglichen erreichbaren Novellen, Opern und Romanen...

Eine Kiste wird nacheinander für Dottore, Pantalone, Harlekin, Brighella, Tartaglia, Columbina und den Capitano zum Spielobjekt: Pantalone vermutet eine Schatzkiste; Dottore sucht darin Bücher, und wenn die Kiste leer ist, philosophiert er über den unbegrenzten Raum, der doch begrenzt sein kann... Brighella will sich darin verstecken, um sich in die Wohnung des Eigentümers tragen zu lassen; Harlekin sucht darin Eßbares und schläft dann in der Kiste, während Tartaglia gleich ein Protokoll über Fundort, Beschaffenheit und Gewicht der Kiste erstellen will (was natürlich eine Ewigkeit dauern kann, weil er sich ständig in seinen Worten verhaspelt). Columbina prüft, ob man daraus eine anständige Kleiderkiste machen kann, während Capitano die Kiste bereits von weitem als Beutegut deklariert und für sich in Anspruch nimmt...

Harlekin findet einen Gegenstand und untersucht ihn auf seine Eßbarkeit...
Pantalone schätzt seinen Wert...
Dottore erzählt minutenlang, daß er in Bologna einen ähnlichen Gegenstand gesehen habe...

Die verschiedenen Personen bekommen einen Brief:
Pantalone vermutet sofort einen Wechselbrief...
Harlekin einen Liebesbrief, mit einer Einladung zum Essen verbunden...
Dottore ein altgriechisches Dokument oder ein Geheimrezept für eine alchimistische Formel...
Capitano ein Offizierspatent und die Berufung zum Generalissimus in der türkischen Armee...

Die verschiedenen Personen essen aus einem Teller Suppe:
Die beiden Verliebten sind sich gegenseitig in die Augen versunken und merken gar nicht, daß sie essen...
Pantalone meckert während des Essens über die zunehmende Teuerung...
Dottore analysiert die Suppe in ihren Bestandteilen und redet pausenlos über den Nährwert dieser Speise...
Brighella ärgert sich während des Essens, daß die Herren viel mehr im Teller haben als er...
Harlekin gibt sich ganz dem Genuß des Essens hin und wird von Columbina daran gehindert, auch den Teller mitzuessen...

Pantalone holt seine Geldkiste aus dem Versteck. Er muß überlegen, wo er sie diesmal versteckt hat... »die anderen Menschen sind ja alle Diebe und Gauner; keinem kann man mehr trauen...«. Endlich hat er sie gefunden. Nun holt er umständlich die Schlüssel von seinem Gürtel. Er öffnet die Schatzkiste und gerät immer mehr in Freude über sein Geld. Er prüft seine Münzen, indem er daraufbeißt, er wirft Geld in die Luft und läßt sich beregnen... Aber jedes kleinste Geräusch stört ihn in seiner Freude. Er hat Angst, man wolle ihm den Schatz stehlen... »es wäre mein Tod, als ob man mir meine lieben Kinderchen wegnehmen würde, ja selbst das würde ich noch leichter verschmerzen, denn Kinder kann man ja wieder machen – und hat sogar noch Spaß dabei...« Umständlich verschließt und versteckt er wieder die Kiste und wendet sich seinen Tagesgeschäften zu.

Pantalone hat sich in Donna Elvira verliebt. Die ist zwar mit Signor Ottavio, einem Geschäftspartner, verheiratet, aber was heißt das schon, wenn ein Pantalone eine Frau liebt. Er turtelt mit der Dame, die ihn überhaupt nicht ernst nimmt. Er erzählt ihr von seinen Reichtümern und läßt durchblicken, daß er sich keineswegs schäbig, sondern äußerst freigebig zeigen würde, wenn sich auch die Donna etwas freizügig... Er versucht, den Ottavio als jungen unerfahrenen Liebhaber hinzustellen: »Er ist doch nur ein junger Springer... aber wenn so ein alter erfahrener Hahn... es kommt eben nicht auf die Quantität, sondern auf die Qualität an...« Die letzten Sätze hat aber nun Signor Ottavio – der zufällig früher nach Hause kam – mitgehört. Pantalone versucht nun, die eben gesagten Worte auf Hühner »umzupolen«. Er verhaspelt sich, kräht und gackert aus Verlegenheit und verabschiedet sich überstürzt.

Pantalone hat es endlich erreicht: Donna Rosaura will ihn erhören. Die Einzelheiten sind bereits brieflich und mündlich abgemacht (hoffentlich hat Harlekin alles richtig weitergegeben!); der zu hörnende Ehemann ist auf Geschäftsreisen in Padua... Pantalone steht vor dem Spiegel und die Vorfreude geht mit ihm durch: »Ich werde ihren Brunnen trockenlegen, daß kein Nebenbuhler in den nächsten Wochen daraus trinken wird... ich werde sie verwöhnen mit meiner Spannkraft... ich werde sie ›mein Honigtöpfchen, mein Marzipanschweinchen‹ nennen... Pantalone reibt sich mit Parfüm ein und sucht nun ein Geschenk in seiner Schatzkiste. Natürlich wird das Geschenk, je länger er überlegt, immer geringer. Denn eigentlich müßte jede Frau noch etwas dafür geben, daß ein Pantalone sie für würdig erklärt... Aber schließlich ist man ja ein Mann von Welt... Er betrachtet sich vor dem Spiegel. Er bewundert seine schlanken Beine, die Elastizität seiner Glieder... Ein gesunder Geist in einem gesunden Körper... Um sich noch geschmeidiger zu machen, macht Pantalone nun einige Turnübungen vor dem Spiegel. Und nun ereilt ihn das Mißgeschick: er verrenkt sich den Rücken, ein Hexenschuß trifft ihn... und sein Schicksal und die vertanen schönen Stunden bejammernd, geht Pantalone ab.

Pantalone und Brigante, die beiden alten Männer, unterhalten sich über ihre Krankheiten. Sie prahlen mit ihren Wehwehchen und versuchen, sich mit den gefährlichsten Krankheiten zu übertreffen. Sie schwärmen von ihrer Tapferkeit im Ertragen von körperlichen und seelischen Plagen und sind über jede Krankheit im Bilde. Einer assoziert aus der Krankheit des andern, und so bilden sich regelrechte »Krankheitsketten«: »... meine Bandscheiben! Ach bin ich krank! Oft krümme ich mich wie ein Wurm... ja, Würmer habe ich auch, schrecklich! schrecklich! Und die werden immer mehr, die pflanzen sich sehr schnell fort!... Mein Wurmfortsatz – mein Appendix – der rührt sich ja auch immer wieder, der Wurmfortsatz... Tja, und meine Forzverklemmung...«

Natürlich werden beide sofort munter, wenn die hübsche Dienerin in den Raum kommt und fragt, was die Herren denn speisen wollen...

Pantalone will seiner Angebeteten ein nächtliches Ständchen bringen. Umständlich stimmt er seine Gitarre und singt sich mit rabenartigem Gekrächze ein. Ein möglicher Text für das Canzone könnte sein:

Nur die eine	Seufzend schwillt mein Herz
ist's alleine	und steigt himmelwärts.
die mein Herz begehrt.	Tief in mir die Triebe wogen
Wie der Hain	seit du in mein Herz gezogen
im Mondenscheine	Ach, löse meinen Schmerz!
steht sie glanzverklärt	

Die Szene kann durch den Diener Harlekin ergänzt werden, der falsch einsagt, unziemliche Geräusche von sich gibt, wie ein verliebter Kater jault, kurz, den Pantalone so lange stört, bis dieser aus dem Konzept kommt. Die Szene endet damit, daß sich der Inhalt eines Nachtgefäßes über Pantalone ergießt, daß alle Nachbarn rebellisch werden und Pantalone mit Geschrei und Schmähungen in die Flucht prügeln . . .

Pantalone versucht, die Verlobte seines Sohnes abspenstig zu machen. Er verspricht ihr den Himmel auf Erden, wenn sie ihn, und nicht den jungen unerfahrenen Spund zur Ehe nimmt. Er entwirft aus dem Stegreif die Möglichkeiten seiner zärtlichen Strategie und versucht, diese verschiedenen Spielarten seiner zukünftigen Schwiegertochter gleich handgreiflich zu erläutern. Wenn dann sein Sohn dazukommt, so erklärt er, daß er nur die Treue der Verlobten prüfen wollte, daß er seinen Sohn zu seiner Verlobten beglückwünscht, und deutet auch gleich wieder an, daß er seine Hoffnungen so schnell nicht begraben wird . . .

Pantalone und Dottore unterhalten sich über die Frauen im allgemeinen und über die eigenen im besonderen. Dabei versuchen sie, sich in Geringschätzigkeiten und über Erziehungsmöglichkeiten zu übertreffen. Schließlich sind sie die Herren im Haus! . . . »und Herren haben zu befehlen«[2]! . . . Wer das Wort Frau in den Mund nimmt, spricht Unheil aus . . . schon Aristoteles sagt, daß die Frau ein Gefäß der Sünde ist . . . so schlecht sind sie ja nicht, aber man muß sie, wie Kinder, kurzhalten, zu Hause, bei verrammelten Türen . . . parieren müssen sie! Man darf zwar in der Geisteshaltung ein Sokrates sein, jedoch keine Xanthippe im Hause dulden . . . Ja, wer ein Mann ist, darf sich von Weibern nichts sagen lassen . . . wenn man seine Frau in die Pflicht nimmt und in Schranken halten will, ist man ein ungehobelter Tyrann. Die Frau ruft Zeter und Mordio, sie sei keine Sklavin – aber wenn man nur ein bißchen die Zügel schießen läßt, dann wird man sofort zum Trottel und Hahnrei gemacht . . . Am besten hält man sich die Frauen vom Halse – am Tage – und in der Nacht zeigt man ja sowieso, wer der Herr im Hause ist, ha, ha, ha . . .« Die Szene kann durch die beiden Ehefrauen beendet werden, denen nun beide jeden Wunsch von den Augen ablesen . . .

Pantalone kommt mit Dottore nach Hause und trifft seine Frau bei der Anprobe eines neuen Kleides. Er versucht sofort, den Kauf zu verhindern, die Bestellung rückgängig zu machen: . . . »Ihr Frauen habt nur neue Kleider im Kopfe . . . eure verdammte Putzsucht . . . was interessieren mich die Kleider der anderen Frauen . . . ich kleide mich auch nicht nach der neuesten Mode . . .« Die Vorwürfe und Beschuldigungen gipfeln in dem Befehl: »Zieh das sofort aus!« Mit einem Seitenblick auf den begleitenden Dottore und dessen sichtbare Vorfreude beginnt die Donna

---

2 Motiv aus *Goldonis* »Die Herren im Haus«.

tatsächlich, sich auszuziehen. Nun versucht Pantalone dies zu verhindern, und schließlich duldet er den Kauf des neuen Kleides zähneknirschend...

Pantalone geht über die Straße und findet eine Münze. Gerade als er sich kichernd vor Freude über den willkommenen Fund bücken will, wird er von Brigante gestört, der eine Münze verloren hat und nun den Verlust bejammert. Pantalone will nun im Besitz »seiner« Münze bleiben, während Brigante – der natürlich sofort die Situation begreift – sein Geld wiederhaben will. Pantalone stellt seinen Fuß auf die Münze, lieber hat er plötzlich ein Fußleiden... und wenn Brigante mit ebensolcher List und Tücke, die nur der hemmungslose Geiz hervorbringt, die Münze auf dem Boden bemerkt: »beschreiben Sie die Münze, die Sie verloren haben... ich habe die gleiche Münze vor drei Tagen verloren und bin nun froh, sie wiedergefunden zu haben...«.

Pantalone und Brigante finden auf der Straße zwei Gegenstände: ein halbes Hufeisen und eine alte Schuhsohle. Nun entspinnt sich ein Zweikampf, da jeder glaubt, der Fund des anderen sei wertvoller; man versucht zu tauschen; nun wird aber der eigene Gegenstand wieder wertvoller, weil ihn der andere haben will... Eigentlich möchte jeder beide Gegenstände...

Pantalone geht über die Straße. Er brummt vor sich hin. Da plötzlich heitert sich sein Gemüt auf: Er sieht eine Münze im Straßenstaub liegen. Trotz seines derzeitigen Hexenschusses humpelt er zielstrebig darauf zu und will sich bücken. Sein Geiz treibt ihn. Doch da sieht er die wunderbaren Beine eines Mädchens; Columbina geht vorbei. Sofort »rutscht« sein Körperschwerpunkt »nach unten«: geifernd und keckernd, wie ein verliebter Hahn auf der Balz, rennt er, so schnell ihn seine alten Füße tragen, dem Mädchen hinterdrein...

Pantalone will sich mit Columbina treffen. Er hat ihr ein Halsband versprochen, wenn sie ihn erhört. Trotz seines Geizes hat er sich einige Silbertaler für das Präsent abgerungen. Columbina erwartet ihn bereits mit dem festen Vorsatz, Pantalone nur zum Schein zu erhören. Nun erscheint Pantalone, zitternd vor Erwartung, und begrüßt Columbina mit schmatzenden Handküssen, die diese widerwillig über sich ergehen läßt. Harlekin, der Freund Columbinas, kommt hinzu und ist sauer über die Flatterhaftigkeit Columbinas. Doch diese kann Harlekin schnell beruhigen, indem sie ihm ihren Plan erzählt und ihn bittet zu helfen. Nun überredet Columbina den alten Pantalone, mit ihr im Park »Blindekuh« zu spielen. Der alte Bock läßt sich willig die Augen verbinden und tapst nun durch den Garten, von den Rufen Columbinas und Harlekins ständig in die Irre geführt. Mancher Baum bremst Pantalones Eifer. Schließlich taucht Dottore auf, und der blinde Pantalone stürzt sich auf ihn und küßt ihn ab. Harlekin und Columbina laufen lachend weg...

Pantalone ist wieder einmal verliebt. Er ruft Brighella, der einen Brief an die Geliebte besorgen soll. Brighella hat Hunger und möchte vorher essen. Brighella wird wütend, als der Alte auf seiner Anordnung besteht, und bricht den Brief auf. Pantalone versucht, Brighella zu verprügeln. Schließlich frißt Brighella den Brief...

Pantalone schreibt eben einen Brief an seine Angebetete. Da kommt Harlekin dazu und gibt dumme Ratschläge. Der Brief wird eine Katastrophe... denn schließlich hat Harlekin sofort bemerkt, daß die Liebesbotschaft an Columbina gerichtet ist, und verhindert so eine »Annäherung«.

Pantalone hat sich zu einem Duell überreden lassen. Brighella hat versprochen, ihm beizustehen, ist aber nirgends aufzufinden. Harlekin hat plötzlich Bauchweh und krümmt sich vor Schmerzen. Pantalone erwartet angstschlotternd den Gegner: »... In meinen Jahren, da man sich durch dicke Strümpfe und Flanell kaum erwärmen kann, sich durch ein kaltes Eisen abkühlen zu lassen, ist eine abgeschmackte Sache ... dann muß man bedenken, wie schwer es ist, ein alter Mann zu werden ... von dem jungen Volke wird jede Stunde einer geboren, und also ist der Schaden nicht groß, wenn so ein unreifer Patron abmarschiert; aber ein fester alter Mann, wie ich, ist unschätzbar ... wer gibt in einer Baumpflanzung auf die jungen zarten Bäumchen acht? Aber wenn so ein alter Baum fällt ... meine Augen werden naß, wenn ich es so bedenke ... ich bin doch kein Frosch, den man einfach aufspießt ...«[3]

Pantalone kommt wieder einmal todkrank nach Hause. Er ruft sofort nach seinem Gesundheitstee und erzählt weinerlich von seinen schlimmen Krankheiten. Natürlich kann er nicht auf den Vorschlag Columbinas eingehen, die ihm anbietet, Arznei in der Apotheke zu besorgen oder den Doktor zu holen. Die Apotheker sind Wucherer und die Ärzte allesamt Halsabschneider ... man steht vor der Wahl, sich von den Medizinern gesundpflegen zu lassen und dann am Bettelstab zu verhungern, oder gleich zu sterben ... Schließlich möchte er von Columbina massiert werden. Der Alte wird gleich munter und versucht, Columbina zu grapschen. Doch da hilft Harlekin bei der Massage ...

Pantalone umwirbt eine reiche Witwe. Doch Donna Anna denkt nicht im Traum daran, Pantalone zu heiraten. Sie will unabhängig bleiben, hat aber einen Plan. Sie lädt den Alten ein und macht ihn »heiß«, so daß es keine Schwierigkeit ist, ihn die Brille verlieren zu lassen und diese zu verstecken. Pantalone tapst nun halbblind im Zimmer umher, während Donna Anna mit ihrer Dienerin Columbina die Kleider wechselt. Nun macht Pantalone einen Heiratsantrag, den Columbina natürlich annimmt. Ein alter Mönch wird geholt und vollzieht sofort die Trauung ... Columbina hat den sozialen Aufstieg geschafft, und Pantalone behauptet nach der Entdeckung des Betrugs, daß er eigentlich schon immer die Columbina heiraten wollte ...

Pantalone kommt nach Hause und ertappt Harlekin und Columbina beim Kramen in seiner Schatzkiste. Wütend stürzt er sich auf die beiden. Columbina versteckt die Halskette hinter ihrem Rücken. Pantalone befiehlt, sie soll die Hände zeigen ... Da springt Harlekin ein, schiebt seine Arme unter die Achseln Columbinas und zeigt nun die Hände vor. Seine Hände untermalen die Ausreden Columbinas, zugleich nützt er die Gelegenheit, legt die Hände beteuernd auf den Busen, sucht im Ausschnitt ...

Pantalone und Dottore wollen ihre Kinder verheiraten. Sie versuchen, sich bei der Abfassung des Ehevertrages gegenseitig zu übertölpeln, wobei sie die Vorzüge ihres Kindes besonders herausstellen. Jeder glaubt, der andere müßte heilfroh sein, und versucht die Mitgift zu verringern. Darüber kommen sie natürlich in Streit: »... Sie sind ein Advokatenstrolch ... was haben Sie gesagt? ... Advokatenmolch! ... meine Tochter ist ein anständiges Mädchen ... Ihre Tochter soll der Teufel holen ... und Ihren Sohn gleich mitnehmen, Sie, Sie, Sie ... Sie Greis ohne Kopf und Rippen ... Sie Bestie in Menschenhaut ...«[4]

---

[3] Text frei nach *Goldoni*, Diener zweier Herren.
[4] Ebenda.

Pantalone und Dottore erzählen sich ihre gehabten und erfundenen Liebesabenteuer. Sie prahlen dabei und stellen sich als »Männer von Welt« heraus. Dottore zitiert dabei aus sämtlichen Liebesromanen, die er je gelesen hat, und Pantalone läßt seiner Phantasie freien Lauf. Dabei werden sie von ihren Frauen belauscht und versuchen nun, sich herauszureden, daß sie sich über andere Männer unterhalten haben. Um ihre Frauen zu besänftigen, versprechen sie alles mögliche . . .

Dottore hat eine Verabredung. Er kommt zu spät und versucht, sich nun zu entschuldigen: »Wenn einer in Florenz etwas warten muß, ist dies nicht schlimm. Denn Florenz ist die Hauptstadt der Toscana; in der Toscana entstand die Kunst der Beredsamkeit; Cicero war der König der Beredsamkeit und ein römischer Senator; Rom hatte zwölf Cäsaren; zwölf Monate hat das Jahr; das Jahr teilt man in vier Jahreszeiten; die Zahl der Elemente ist ebenfalls vier – Luft, Wasser, Feuer und Erde; die Erde wird mit Ochsen gepflügt; die Ochsen haben ein Fell; das Fell wird zu Leder gerbt; aus Leder macht man Schuhe; Schuhe zieht man an die Füße; die Füße dienen zum Laufen; beim Laufen bin ich gestolpert, und stolpernd kam ich hierher, um euch zu begrüßen . . .«[5]

Dottore ist als Anwalt vor Gericht. Er soll einen Dieb verteidigen. Je länger seine Verteidigungsrede dauert, desto mehr streicht er die Verwerflichkeit des Diebstahls heraus, stellt sich als moralisch hochstehenden Menschen hin – alles belegt mit langatmigen Zitaten von Aristoteles bis Dante –, und »schafft es« schließlich, daß sein Mandant verurteilt wird . . .

Dottore ist Arzt und wird zum kranken Pantalone gerufen. Anstatt sich um den Kranken zu kümmern, macht er Columbina den Hof: ». . . schönste Melusine, Ihr ähnelt einer berühmten Philosophin, die ich neulich in einer Diskussion getroffen habe . . . Ihr seid wie Helena, bevor sie den Apfel des Paris gegessen hat . . . doch auch in Paris sollen die Frauen schön sein . . . doch vor Euch würden diese verblassen . . . aber warum seid Ihr so blaß? Wie schon Aristoteles – einer meiner Lehrer – sagt, soll ein gesunder Geist in einem schönen Körper wohnen . . . laßt Euren Herzschlag prüfen . . .« Natürlich blitzt er bei Columbina ab. Doch Dottore gibt nicht auf. Er erklärt dem Mädchen die Vorzüge von turnerischen Freiübungen und führt gleich einige vor. Da zerreißt Harlekin hinter seinem Rücken ein Papier. Dottore glaubt, seine Hose wäre gerissen, und vollführt nun die komischsten Verrenkungen, um immer mit dem Rücken von Columbina abgewandt zu sein . . .

Dottore beginnt endlich seine Behandlung von Pantalone. Er fühlt seinen eigenen Puls, verhaspelt sich in medizinischen Ausdrücken, verwechselt Lunge und Zunge und nennt die Aorta »Aborta« . . . Pantalone erzählt ihm, wo es ihm überall weh tut, und Dottore verkündigt dies als Ergebnis seiner Untersuchungen. Schließlich schreibt Dottore ein Rezept aus und stellt die Rechnung. Als Pantalone dies hört und an seinen Geldbeutel denkt, wird er sofort munter. Dottore rühmt sich seiner heilsamen Kräfte . . .

Dottore ist in eine wunderschöne Patientin verliebt. Er behauptet, er könne sie nur in seiner Wohnung richtig behandeln, und will ihr die Behandlung erklären. Dabei gerät er so ins Schwärmen, daß er sich immer mehr verhaspelt

---

5 Zitiert aus: *Karl Riha*, Commedia dell'arte (entnommen aus *Dshiwelegow*, Commedia dell'arte).

und dabei seine wahren Absichten verrät: ». . . und das müssen Sie küssen, äh wissen, daß ich eine Cornifere bin in der Behandlung von Frauen, äh Krankheiten. Ein berühmter Arzt, einer meiner besten Schüler, Casanova . . .«

Dottore und Pantalone sitzen beim Essen und lassen es sich schmecken. Sie werden von Harlekin und Columbina bedient. Diese versuchen, die besten Bissen »abzuzweigen«, und werden von den beiden Alten dabei ertappt . . . Nun hat Harlekin eine Idee. Er rennt zu den beiden und schreit, daß die Küche brennt. Die Alten stürzen in die Küche, während sich die beiden Diener über das Essen hermachen. Natürlich werden sie wieder vom Tisch vertrieben, geben aber noch nicht auf. Sie besorgen sich lange Nadeln und stechen nun die Alten, wenn sie eine neue Speise oder Getränke servieren. Dottore und Pantalone sind ratlos, sie müssen krank sein. Immer wenn sie sich den Leckerbissen zuwenden, spüren sie stechende Schmerzen . . . Columbina beeilt sich, einen berühmten Arzt zu holen, der zufällig in der Stadt weilt – den verkleideten Brighella. Dieser untersucht nun die Alten und rächt sich dabei für alle Unbill, die er je von diesen erfahren hat. Schließlich stellt er die Diagnose: Die beiden sind schwanger! Dottore ist entsetzt, Pantalone jammert, das komme nur daher, weil seine Donna immer oben liegen wolle . . . Der falsche Arzt verbietet nun den Genuß von Fleisch und Wein und flößt den beiden zudem noch Rizinus ein, so daß der Weg zur gedeckten Tafel für die Diener endlich frei wird . . .

Capitano Matamoro Sangre e Fuego stellt sich vor: »Wißt ihr nicht, wer ich bin? Habt ihr nicht gesehen, wie diese Hand blitzt, mit der ich Pyrrhus und Hannibal, die Scipionen und Alexander und sogar Herkules besiegt habe? Furchtlos im offenen Feld, in Angriff und Verteidigung habe ich Tausende und Abertausende von Kriegern aller Ränge und Waffen getötet, vernichtet, zerstört, dem Untergang geweiht, eingeäschert und niedergemacht . . . darunter Generäle und Könige, Sultane und Kaiser, Riesen und Zwerge. Mein Körper ist eine Festung, meine Brust ein Schutzwall, mein Kopf ein Schloß, mein Leib ein Feldlager, meine Hände zwei Kanonen, meine Stimme der Donner und meine Waffe der Blitz. Meine Tapferkeit erschüttert die Welt!«[6]

Capitano Rodomonte erzählt von den Abenteuern einer Bärenjagd: ». . . Auf der Erde fand ich keinen Bären, der würdig gewesen wäre, mir zur Beute zu werden . . . Mit einem einzigen Satze sprang ich in die achte Himmelssphäre und erlegte dort mit zwei Speerstößen den Großen und den Kleinen Bären. Nachdem ich diese ruhmreiche und denkwürdige Tat vollbracht hatte, stieg ich auf der Milchstraße wieder zurück zur Erde und kam so nach Konstantinopel. Der Sultan begrüßte mich im Namen des gesamten Ottomanenreiches, bot mir den Arm und führte mich in seinen Serail, wo ich viele Tage verweilte und den Zauber aller Frauen des Sultans bis zur Letzten auskostete.«[7]

Capitano begleitet eine schöne Donna von einem Fest nach Hause. Er ist wie immer beim Erzählen seiner Heldentaten. Als er in eine kleine Gasse einbiegt, sieht er plötzlich seinen Schatten und erschrickt maßlos vor ihm. Er glaubt ein Ungeheuer zu sehen, und traut sich nicht mehr weiterzugehen. Dies will er aber der Donna nicht merken lassen . . .

---

6 Frei zitiert aus: *Dshiwelegow*, Commedia dell'arte.
7 Ebenda.

Szenische Übungen und Etüden

Capitano hat Hunger. Er trifft Harlekin und hält ihn mit einer seiner Abenteuergeschichten auf. Während er nun von der Mühsal einer Wüstendurchquerung erzählt und ihm schildert, wie er das letzte Stück Brot mit seinen Kameraden geteilt hat, versucht er dies zu demonstrieren, indem er aus dem Beutel des Harlekin Brot nimmt. Harlekin durchschaut die Absicht und setzt die Geschichte seinerseits fort, indem er mutmaßt, daß Capitano großmütig den Kameraden alles überlassen hat. Natürlich läßt sich Capitano auf diese Geschichte ein und sieht hungrig zu, wenn Harlekin sein Brot alleine ißt...

Capitano hat einen Gegner zum Duell gefordert. Er zittert vor Angst, als der andere seinen Degen zieht und in Fechterposition geht. Er versucht Zeit zu gewinnen, und stellt sich vor: »Ich bin Capitano Spavento, genannt der Teuflische, aus dem Höllental, ich bin König des Ritterordens, ich heiße Thermegist, das bedeutet tapferster Held, schrecklichster Vernichter, Bezwinger des Weltalls, Sohn des Erdbebens und des Blitzes, Bruder des Todes und allernächster Freund des Höllenfürsten!« Als diese Worte den Gegner nicht einzuschüchtern vermögen beginnt er umständlich sein Schwert zu ziehen. Doch dieses besteht nur noch aus einem pompösen Schwertgriff. So tut er, als ob seine Waffe in der Scheide klemmt, und vertröstet den Feind auf einen späteren Duelltermin und beglückwünscht ihn zu der kleinen Spanne Lebenszeit, die ihm dadurch noch gegeben ist...

Harlekin wurde bei einem Diebstahl erwischt und soll nun, in einen Sack eingenäht, ertränkt werden... Capitano weiß davon nichts. Er wurde nur beauftragt, den Sack mit Harlekin zu bewachen. Da kommen Donna Flavia und Donna Elisa vorbei: Capitano sieht sie von ferne und befreit schnell Harlekin aus dem Sack, damit er diesen als seinen Diener ausgeben kann. Natürlich erfindet Capitano wieder die tollsten Geschichten. Als die beiden Damen sich verabschiedet haben, soll Harlekin wieder in seinen Sack. Capitano fragt ihn, wieso er eigentlich in diesen Sack eingebunden sei. Harlekin erzählt nun, dies sei ein besonderer Trick, in das Schlafgemach einer schönen Dame zu kommen. Er schildert das bevorstehende Rendezvous in den glühendsten Farben. Daraufhin kauft ihm Capitano mit einem Beutel Geld – den er natürlich nicht bei sich hat – das Recht ab, zur schönen Dame gehen zu dürfen. Freudig läßt er sich von Harlekin in den Sack binden... und kurz darauf kommen die Stadtwächter und transportieren den Sack ab...

Harlekin soll für seinen Herrn einen Brief abgeben. Er klopft an der Haustür. Columbina, die Dienerin des Hauses, öffnet. Harlekin hat nur noch Augen für das Mädchen. Er hat alles vergessen. Columbina wird ungeduldig und schließt die Tür. Da erst erwacht Harlekin aus seinen Träumen und klopft wieder. Als Columbina wieder öffnet, beginnt das Spiel von vorne... Schließlich nimmt er sich ein Herz: »... Sind sie eine Braut... ich bin auch kein Bräutigam... Sie sind ein artiges, rotbäckiges wohlgenährtes Mädchen... wir wollen vom Heiraten reden...«

Harlekin hat aus Versehen einen Brief aufgebrochen und will ihn wieder versiegeln... »Mir fällt was ein. Ich habe gesehen, daß die Leute ihre Briefe mit gekautem Brot siegeln. So will ich es auch machen (er zieht ein Stück Brot aus der Tasche). Es ist schlimm, dazu Brot zu vergeuden, aber was soll ich machen? (Er kaut nun das Stück, schluckt es aber, ebenso die nächsten Stücke.) Es ist gegen meine Natur!«[8] Schließlich überlistet er sich selbst, indem er das Brotstückchen an eine Schnur bindet und so verhindert, daß es geschluckt werden kann...

---

8 Text aus *Goldoni*, Diener zweier Herren; Übersetzung von *Schröder* (Reclam Nr. 163).

Harlekin soll auf Anordnung von Brighella ein Schwein schlachten. Er weigert sich, bricht in Tränen aus und jammert, daß er einen Freund nicht umbringen kann. Das Schwein habe ihn in kalten Nächten gewärmt, es hätte einen so seelenvollen Blick, usw. Als ihm aber Brighella die herrlichen Speisen, Würste und Braten schildert, die man aus einem Schwein zubereitet, wird er von Speise zu Speise hungriger und willigt schließlich ein, das Schwein zu schlachten ...

Harlekin soll den Boden kehren. Er kommt mit einem Besen und setzt sich zuerst einmal zum Ausruhen auf den Boden. Nun ruft sein Herr, er solle endlich kehren. Harlekin philosophiert nun, warum sein Herr ihm befehlen kann, den Boden zu kehren. Schließlich kommt er zu dem Ergebnis, der Herr dürfe das, weil er der Herr sei. Da fällt ihm ein, daß er ja der Herr des Besens sei. Nun befiehlt Harlekin dem Besen, den Boden zu kehren. Als dieser nicht gehorcht, versetzt er dem ungehorsamen Diener einige Fußtritte, so daß er zerbricht. Nun ruft Harlekin nach dem Herrn und berichtet ihm, daß er so eifrig gekehrt habe, daß sogar der Besen zerbrochen sei ...

Harlekin hat von seinem Herrn einen Wechselbrief zur Aufbewahrung erhalten. Außerdem soll er das Essen bestellen. Nun streitet Harlekin mit Brighella über die richtige Anordnung der Speisen auf dem Tisch: »Du liebe Güte, das wird nichts! Ihr Wirtsleute versteht euch aufs Kochen, aber vom Aufwarten habt ihr nicht den geringsten Schimmer. Ich will's euch mal zeigen. Stellt euch vor, das wäre der Tisch. (Kniet nieder und zeigt auf den Fußboden.) Hier in die Mitte stellen wir zum Beispiel die Suppe hin. (Er reißt ein Stück vom Wechselbrief und legt es auf die bezeichnete Stelle.) Auf diese Seite das Siedfleisch. (Reißt wieder ein Stück vom Wechsel ab.) Und auf diese Seite das Fischgebratene. (Reißt noch ein Stück ab und legt es gegenüber.) Und hierhin die Soße und das Gericht, das ich nicht kenne. (Reißt noch zwei weitere Stücke ab und vervollständigt so die Anordnung der Speisen.) ...«[9] Nun kommt Harlekins Herr dazu, und Harlekin erfindet tausend Ausreden, um die Schnipsel des Wechselbriefes zu erklären ...

Harlekin und Brighella sind auf dem Weg zur Stadt. Da werden sie von der Dunkelheit überrascht und müssen im Wald übernachten. Beide haben Angst und Hunger. Sie malen sich ihr Leben in der Stadt aus. Brighella wird aggressiv. Er versucht, Harlekin beim Teilen des Proviants zu übertölpeln. Seine Angst gibt er nicht zu. Er legt sein Messer bereit. Wenn er in der Stadt eine Stellung hat, so wird er sich nicht so schnell »die Butter vom Brot nehmen lassen«. Er wird aufsteigen zum Haushofmeister, und dann wird er es allen zeigen, was er für ein Kerl ist ... Harlekin versucht, seinen Kummer und seine Angst »wegzuträumen«. Er wird bestimmt ein nettes Mädchen kennenlernen, eine Köchin, die ihm die besten Bissen der Speisekammer zustecken und ihn in ihre Kammer lassen wird, wann immer er friert ...

Columbina will Harlekin heiraten; sie ist es satt, immer nur die Liebschaft zu sein. Doch Harlekin gefällt dieser Zustand, er vermißt nichts. Er versucht, alle möglichen Ausflüchte zu finden, und trägt sich aus Angst vor der festen Bindung sogar mit dem Gedanken, in eine andere Stadt zu gehen. Seine Freiheit geht ihm über alles. Doch Columbina weiß ihren Harlekin richtig einzuschätzen: sie malt ihm aus, wie sie täglich für ihn sorgen wird, mit den besten Speisen, mit Kuchen, mit Speck, mit Polenta, mit Wein und anderen leckeren Sachen. Und zum Nachtisch ... jeden Tag ...

---

9 Text nach *Goldoni*, Diener zweier Herren; Übersetzung von *Heinz Riedt* (Reclam Nr. 9927).

nicht mehr nur heimlich... Da kann Harlekin nicht mehr widerstehen. Das Wasser ist ihm so im Munde zusammengelaufen, daß er nur noch zustimmend nicken kann... Bedingungslos schwört er Liebe und Treue.

Harlekin, Brighella und Tartaglia machen Columbina den Hof. Brighella bietet ein unsicheres, aber abwechslungsreiches Leben. Er wird weiter von Herr zu Herr wandern, sich von niemandem etwas gefallen lassen. »Es wird Hunger und Not geben, aber auch tagelange Feste.« Natürlich wird er auch künftig noch den anderen Frauen nachschauen... wer wird sich denn so festlegen... Schließlich ist er ein Mannskerl, aber das wird Columbina schon zu schätzen wissen... Tartaglia weiß jetzt schon, daß er in etlichen Jahren vom einfachen Schreiber zum Sekretär befördert wird. Er kann ein sicheres Leben, mit kleinem, aber festem Gehalt bieten. Und als braver Staatsbeamter wird er natürlich auch für regelmäßigen Nachwuchs sorgen... Harlekin hat nichts als Träume zu bieten... aber Träume sind die Kinder der Hoffnung, und hat man sich bis jetzt durchgeschlagen, so wird es auch irgendwie weitergehen...

Harlekin, Brighella und Tartaglia sollen einen Auftrag bei einer schönen Donna ausrichten. Harlekin verliebt sich sofort in die Donna. Er versucht Komplimente zu machen. Er fragt auch gleich, ob ihre Dienerin genauso hübsch ist wie sie... Brighella gefällt diese Frau ungemein. Doch er ist Realist. Ein Diener hat sich nicht in eine Herrin zu verlieben. Er macht weltmännische Komplimente und sucht die Donna für sich einzunehmen. Ganz nebenbei läßt er Gemeinheiten – erfunden und wahr – über seinen Herrn einfließen und macht ihn schlecht. Wenn er schon eine solche Frau nicht haben kann, dann soll auch sein Herr kein Glück haben... Tartaglia sieht die Frau und beginnt sofort noch mehr zu stottern, als er das sonst tut. Er wird verlegen und vergißt alles. Er erzählt von bürokratischen Maßnahmen, das einzige, von dem er etwas versteht...

In einem Raum, der nur von einer Kerze erhellt ist, befinden sich Harlekin, Brighella, Tartaglia und Columbina. Es ist bereits spät. Brighella schnarcht; Tartaglia stottert leise vor sich hin und träumt von besseren Zeiten; Harlekin versucht, sich an Columbina heranzumachen. Da fällt die Kerze um. Ein Vorhang, der vom Wind gebauscht wird, erscheint allen wie ein Ungeheuer. Harlekin ist starr vor Schreck und versteckt sich schlotternd im Schrank. Brighella verbirgt seine Feigheit hinter Müdigkeit und prügelt schließlich Harlekin aus dem Schrank, mit dem Vorwand, im Schrank sein Messer zu suchen. Tartaglia bringt nur noch einige Silben heraus und ist ansonsten starr vor Schreck. Columbina erweist sich in dieser Situation als der einzige »Mann«. Sie erkennt, daß das Schreckgespenst nur ein Vorhang ist, sucht Schwefelhölzer und macht wieder Licht. Ihre weibliche Toleranz geht sogar so weit, daß sie die Männer nun nicht beschimpft, sondern sich sogar geduldig deren Schilderungen anhört, wie sie das Ungeheuer, wenn es eines gewesen wäre, besiegt hätten...

Harlekin, Brighella und Columbina sind ohne Arbeit. Sie haben Hunger. Sie überlegen, wie sie zu etwas Eßbarem oder zu Geld kommen könnten. Brighella schlägt vor, irgendeinen Passanten in der Dunkelheit zu überfallen und ihm das Geld, das er unnütz mit sich herumträgt, abzunehmen. Harlekin schlägt in seiner Not sogar vor, daß man arbeiten könnte. Aber wie soll man das mit leerem Magen machen? Columbina hat eine Idee: Wir machen den »Schneidertrick«! Harlekin setzt sich auf die Straße und beginnt pantomimisch zu nähen. Brighella und Columbina kommen als Passanten vorbei und bewundern den herrlichen Stoff und die gute Näharbeit. Dies bemerken Pantalone und Dottore, die in der Nähe stehen und als »Opfer« von den dreien ausersehen sind. Die beiden Alten sehen natürlich zunächst nichts. Erst als Columbina laut erklärt, daß diesen Stoff nur kluge Leute sehen, streiten sie sich, wer ihn zuerst gesehen hat. Um dem anderen zu zeigen, daß man den Stoff tatsächlich sieht, willigen die Alten ein, die wunderschönen Mäntel, die der Schneider feilhält, zu kaufen. Sie probieren an, bewundert von Columbina und angefeuert von Brighella, der selbstlos bei der Anprobe hilft und dabei die Geldbeutel klaut. Schließlich lassen die übertölpelten Alten dem fremden Schneider sogar noch ihre alten Mäntel als Pfand . . .

Die Verliebten treffen sich heimlich in der Kirche. Sie tun so, als ob sie beten würden, und tauschen dabei Liebesschwüre aus. Dabei können sie durch »echte Beter« immer wieder gestört werden. Donna Anna hat Angst vor ihrem Vater, der sie an den alten Dottore verheiraten will . . .

Dem verliebten Lelio ist es gelungen, sich als Musiklehrer von Dottore einstellen zu lassen. So kann er nun seine geliebte Rosa regelmäßig treffen. Sie üben einige Griffe an der Mandoline. Lelio führt zart die Hand Rosas . . .

Leander, der Geliebte Elviras, soll in den Krieg ziehen. Capitano Spavento hat es so eingefädelt, um selbst freie Bahn bei Elvira zu haben. Die beiden Verliebten sind verzweifelt. Sie beschwören immer wieder ihre Treue . . .

Donna Beatrice freut sich auf das heimliche Rendezvouz mit ihrem Geliebten Flavio. Sie läßt sich beim Ankleiden von Columbina helfen und erzählt dabei von ihrer unendlichen Liebe. Da kommt Harlekin mit einem Brief. Flavio wurde von seinem Vater nach Padua geschickt und mußte sofort reisen. Beatrice bricht beinahe das Herz. Columbina und Harlekin versuchen zu trösten . . .

Silvio glaubt, daß seine Verlobte Margarita untreu ist und einen anderen liebt. Die beiden streiten. Silvio ist blind vor Eifersucht und sieht nur noch Nebenbuhler. Margarita beteuert immer wieder ihre Treue und läuft schließlich weinend aus dem Zimmer. Columbina hat den Streit mitangehört und liest nun dem »feinen Herrchen Silvio« die Leviten: ». . . Ihr Männer seid alle blind. Da liebt ein Mädchen mit seinem ganzen Herzen, und was tut der feine Herr? Er zweifelt daran. Ja, wenn wir Frauen so wären wie die Männer! Es heißt ja nicht umsonst: Bei uns glaubt man's und die Männer tun's. Den Frauen sagt man Untreue nach, und die Männer begehen eine Untreue nach der anderen. Über die Frauen redet man sofort, und über die Männer sagt man gar nichts. Uns macht man beim geringsten Anlaß Vorwürfe, und bei den Männern drückt man alle Augen zu. Und wißt ihr warum? Weil die Männer die Gesetze gemacht haben. Hätten wir Frauen die Gesetze gemacht, dann bekäme man etwas ganz anderes zu hören. Und wenn ich zu bestimmen hätte, dann müßten alle untreuen Männer mit einem Zweig herumlaufen, und dann weiß ich, daß aus allen Städten Wälder würden . . .«[10]

Donna Lucretia, die junge Frau des alten Pantalone, sieht auf dem Kirchgang Signor Leander und verliebt sich in ihn. Sie läßt von Columbina seinen Namen ausforschen und schickt ihm einen heißen Liebesbrief. Doch dieser Leander glaubt an einen Scherz und stellt Bedingungen, bevor er sich auf die Gefahr einläßt, der heimliche Geliebte zu werden: den leeren Geldbeutel von Pantalone, ein Haarbüschel aus dem Barte Pantalones und schließlich einen gesunden Zahn von ihm. Donna Lucretia ist ratlos. Doch Harlekin und Columbina wissen Rat. Bei der täglichen Rasur besorgt Harlekin ein Büschel Barthaare (die Rasierszene kann natürlich voll im Stile der Commedia ausgespielt

---

10 Text aus *Goldoni*, Diener zweier Herren; Übersetzung von *Heinz Riedt*.

werden!), und Donna Lucretia besorgt sich den Beutel Pantalones... Beim Mittagessen, zu dem auf Betreiben Lucretias der »Geschäftsfreund Leander« eingeladen wurde, behaupten Columbina und Harlekin beim Servieren, daß Pantalone furchtbar aus dem Munde rieche: Das könne nur ein schlechter Zahn sein, und flugs sind sie mit Schnur und Zange am Werk. Signor Leander hat nun seine drei Liebesbeweise... Beim anschließenden Spaziergang im Garten behauptet Harlekin plötzlich, Pantalone würde ganz ungeniert seine Frau küssen. Pantalone weist dies weit von sich. Doch auch Columbina treibt das abgekartete Spiel weiter: Von der unteren Astgabel eines Baumes aus würde man alle Leute beim Liebesspiel sehen, auch wenn sie nur züchtig nebeneinander säßen. Pantalone läßt sich überreden, sich auf die Astgabel heben zu lassen. Und tatsächlich: auch er sieht nun seine Frau Lucretia in inniger Umarmung mit dem Geschäftsfreund Leander...[11].

Das Fräulein Giannina wird heimlich von dem schüchternen Lelio geliebt und verehrt. Doch er glaubt, daß er seine hehre Liebe entweihen würde, wenn er dies der Donna Giannina offenbaren würde. Sein Diener Brighella begreift dies zwar nicht, aber schließlich denken die Herren in dieser Sache sowieso etwas verquerer als er. Lelio läßt ein nächtliches Ständchen vor dem Balkon der Geliebten bringen, versteckt sich aber und gibt sich nicht zu erkennen. Dies beobachtet Fabrizio, der sich bei dem Mädchen als der Urheber des Ständchens ausgibt. Ebenso geschieht es mit einem Sonett, das auf Gianninas Balkon geworfen wurde, und mit den wertvollen Spitzen, die Giannina anonym vom Händler zugestellt werden. Immer versteckt sich Lelio, und Fabrizio »sahnt ab«. Nun platzt Brighella, der diese Art nicht verstehen kann, der Kragen. Er will mit gleicher Münze zurückzahlen: Er beschwatzt ein Fischweib aus dem Hafen, die Rolle der verlassenen Geliebten zu spielen. Als Fabrizio wieder unter dem Balkon der Giannina steht und Komplimente drechselt, taucht die »verlassene Geliebte« auf und vertreibt schimpfend und mit handgreiflichen Argumenten den Lügner Fabrizio, so daß sich endlich unter tätiger Mithilfe von Brighella der schüchterne Lelio offenbaren kann...[12].

Die beiden Töchter des Pantalone (»... wen der Herr straft, dem gibt er Töchter...«) streiten sich: Aurelia, die sanfte und liebliche Tochter, wird von Katherina, der Kratzbürste, beschuldigt, ihr den Freund »ausspannen« zu wollen. Die beiden Verlobten der Schwestern kommen hinzu, beschuldigen sich ebenfalls aufgrund der Verdächtigungen und wollen sich schon zum Duell fordern. Da schlichten Harlekin und Columbina den Streit: »Die vornehmen Leute tun sich schwer in der Liebe. Sie wollen immer Beteuerungen, anstatt daß sie es einfach ›begreifen‹...«

---

11 Motiv aus dem Decamerone von *Boccaccio*.
12 Motiv aus *Goldoni*, Der Lügner.

Zeitgenössische Szenen der Commedia

Massimo Trojanos Bericht
(Freie deutsche Übersetzung von *Würthmann*, München 1842)[13]

Die Comödie wurde anläßlich der Vermählungsfeier des Herzogs Wilhelm V. von Bayern auf folgende Art gespielt: Nach dem Prolog führte Orlandi di Lasso eines seiner angenehmsten Madrigale zu fünf Stimmen auf . . . Nun trat von der andren Seite der Bühne Orlandi di Lasso als vornehmer Venetianer auf, gekleidet in einem Camisol von rotem Atlas, roten Beinkleidern, einem langen schwarzen Kleide und einer komischen Maske. – Er spielte auf der Laute und sang einigemale: »Glücklich, wer diese Straße ohne Seufzer wandelt.« – Hierauf legte er die Laute weg und begann die Liebe anzuklagen, indem er in einem langen Monolog unter anderem sprach: »Oh armer Pantalon, der du nimmer diese Straße ohne Seufzer und Thränen betrittst . . .« welche Szene von ganz komischer Wirkung alle Zuschauer lachen machte. – Indeß Pantalon, theils für sich, theils für Camilla über die Liebe so klagte, kam Arlequin, der seinen Herrn Pantalon lange Jahre nicht mehr gesehen hatte und daher nicht kannte. Er ging unachtsam daher und stieß heftig an den armen Pantalon, worauf ein Streit zwischen beiden entstand. Endlich erkannten sie sich einander und Arlequin nahm mit übergroßer Freude seinen Herrn auf die Schultern, drehte ihn nach Art eines Mühlrades, und trug ihn auf der ganzen Bühne herum; hierauf that auch Pantalon mit Arlequin dasselbe, bis beide zu Boden fielen. Nachdem sie sich wieder erhoben hatten, begannen sie ein komisches Gespräch über die alten Zeiten, und Arlequin fragte unter anderem seinen Herrn nach dem Befinden seiner Gemahlin. Pantalon eröffnete ihm, daß sie todt sey, worauf beide wie Wölfe zu heulen begannen, und Arlequin bittere Thränen vergoß in der Erinnerung an die Maccaroni und die Raffioli, welche sie ihm einst zu essen gab. – Bald verwandelte sich jedoch ihre Trauer wieder in Fröhlichkeit und Pantalon beredete Arlequin, seiner geliebten Camilla einige Hühner zum Geschenk zu bringen . . . Camilla verliebte sich in Arlequin und hieß ihn eintreten. Es ist eben dies nicht wunderbar, da denn oft unsere Schönen das Schlechtere dem Besseren vorziehen.

Hierauf begann eine sehr angenehme Musik mit Streichinstrumenten und Singstimmen.

Die eifersüchtigen Verliebten
(Eine Komödie aus der Sammlung des *Grafen Casamarciano*)[14]

Erster Akt
1. Szene
Giangurgolo und Pasquariello. Sie sprechen davon, daß sie bald verschwägert sein werden, denn Pasquariello will seine Tochter Vittoria Giangurgolos Sohn Luzio zur Frau geben. Pasquariello geht ab. Giangurgolo klopft. Coviello erscheint.

---

13 Abgedruckt in: *Artur Kutscher*, Die Comédia dell'arte und Deutschland. (Hier ist auch der weitere Verlauf der Komödie nachzulesen!)
14 Abgedruckt (auch hier kann die ganze Komödie nachgelesen werden) in: *Karl Riha*, Commedia dell'arte. (Dieser Verfasser hat den Text aus *Dshiwelegow*, Commedia dell'arte, entnommen.)

2. Szene
Coviello und Giangurgolo. Coviello erfährt von Giangurgolo von der Abmachung der beiden Alten; er treibt seine lazzi. Dann deutet er an, daß Luzio doch Angela liebe; Giangurgolo geht ab; Coviello bleibt zurück.

3. Szene
Luzio und Coviello. Luzio kommt und spricht von seiner Liebe zu Angela; er sieht Coviello, der ihm nach mancherlei lazzi mitteilt, daß sein Vater ihn mit Vittoria verheiraten wolle; jener ist verzweifelt, liebt er doch Angela. Er bittet Coviello, sie zu rufen. Sie klopfen an.

4. Szene
Brunetta und die Vorigen. Brunetta kommt. Sie treibt ihre lazzi mit Coviello; beider Szene; darauf ruft sie Angela.

5. Szene
Angela und die Vorigen. Coviello; seine lazzi mit heißem und kaltem Wasser; dann kommt Luzio, es entspinnt sich eine Liebesszene zwischen ihm und Angela; sie schwören einander die Treue; die Frauen gehen ins Haus, die Männer entfernen sich.

6. Szene
Flaminio und Pulcinella. Der eine spricht von seiner Liebe zu Vittoria, der andere zu Fiametta; sie wollen sie herausrufen.

7. Szene
Pasquariello, Vittoria, Fiametta und die Vorigen. Pasquariello kommt, er ist böse auf seine Tochter und besteht darauf, daß Luzio sie heiraten soll; Flaminio und Pulcinella treiben unterdessen heimlich ihre Possen, kommen dann in den Vordergrund und setzen ihr Gespräch fort; Pasquariellos Verdacht wird immer mehr bestärkt, er schreit seine Tochter an und geht zu Giangurgolo, um den Ehevertrag mit ihm abzuschließen; die Frauen bleiben zurück, es kommt zu einer Liebesszene der einen mit Flaminio, der andern mit Pulcinella; Vittoria sagt, ihr Vater wolle sie mit Luzio verheiraten; sie meint nicht anders, als daß es Luzios Wunsch sei; Flaminio ist erzürnt über Luzio und verspricht, die Hochzeit zu vereiteln; die Frauen gehen ins Haus, die Männer bleiben zurück. Luzio und Coviello treten auf.
... nach vielen Verwicklungen, Eifersuchtsszenen und Streitereien zwischen den Vätern und den Söhnen und Töchtern steuert alles während der drei Akte seinem guten Ende zu.

Letzte Szene
Alle sind auf der Bühne; sie vollführen mancherlei lazzi, um das Stück so lustig wie möglich zu beschließen; das heißt, einer nach dem anderen erscheint auf der Bühne und zeigt seine lazzi, singt lalala oder treibt, aus dem Fenster blickend, allerlei Unfug; alles das geschieht ganz nach dem Belieben der Darsteller. Danach bittet Coviello das Publikum um Vergebung, die Ehen werden geschlossen, und damit ist das Stück zu Ende.

Monolog der Dienerin
(In: »Die betrogenen Verliebten« von *Vincenzo Belando detto Cataldo* [17. Jahrhundert])[15]

Ja, ich weiß sehr wohl, was meine Herrin tun will; den Sprung, den ich selbst getan habe, als ich meine Jungfernschaft verlor.

Es war wegen einer Melonenschale. Und wenn ich mich daran erinnere, sterbe ich fast vor Schmerzen und es gelingt mir nicht, es zu erzählen, ohne Tränen zu vergießen.

Ich werde es ihnen erklären, meine Damen und Herren:

Als ich noch jünger war, schön, drall und appetitlich wie eine kleine Wachtel, verliebte sich ein junger Spanier in mich und mit einem Überschwang von Leidenschaft sagte er zu mir: »Ah, meine Dame, die meine Seele zermürbt, ich habe mein Herz an Sie verloren. Ich bin in sie verliebt!«

Eines Tages fand er mich in einem Garten. Ich war in meine weiße Mantilla gehüllt, wie ein Schwan.

Und nun, mich zugänglicher zu machen, wollte er mich küssen ... Aber nicht nur auf die italienische Art. Ich habe ihm die Hand auf die Brust gelegt und, als ich mich ihm nähern wollte, habe ich den Fuß auf eine Melonenschale gesetzt und bin zu Boden gefallen. Der frische Wind hat mir meinen Rock hochgewirbelt.

Der gute Mann sprang herbei, um mich zu bedecken. Doch auch er setzte den Fuß auf die Melonenschale und rutschte aus. Dabei fiel er derart auf mich, daß ich einen dicken Bauch davon bekam. Vor lauter Scham habe ich mein Elternhaus verlassen.

So also kam das Unglück über mich ...

Und all das ist die Schuld meines Vaters! Er hat wie alle Alten der Stadt mich an einen Greis verheiraten wollen.

Die Väter machen alle den gleichen Fehler: Sie wollen ihre Tochter verheiraten, wenn es ihnen paßt ... aber die Töchter heiraten wann und wen sie wollen ...

Prolog der Dienerin
(Theatergruppe »Comici«, Text von *Bruni* 1580–?)

Ja, ja, ja und ja, ich bin wütend! Ja, ich bin eine Dienerin, das stimmt! Doch durch meine Stellung als Dienerin bin ich noch lange nicht dazu verdammt, wie eine Sklavin zu arbeiten:

Zimmer sauber machen, in der Küche schuften, Holz herbeitragen, Wasser schöpfen, Gemüse einkaufen, Hemden waschen, Krägen stärken, Klamotten ausbessern ...

Meine Damen und Herren, Sie wissen hoffentlich auch, daß die Leute, die mich so zur Arbeit anhalten, auch dahinterstecken, daß ich hier den Prolog halten muß ...

Mein unglückliches Geschick ließ mich hier zur Dienerin einer Komödiantentruppe werden.

Die haben mir weisgemacht, daß ihr Beruf nur so von Genüssen gepflastert ist, daß man von Freude übergeht, vor Zufriedenheit fast erstickt und mit Trinkgeldern nur so überhäuft wird.

---

15 Die verschiedenen Monologe und Dialoge sind frei nach den Originalen übersetzt. – Eine französische Übersetzung ist abgedruckt in: Bouffonneries – Aujourd'hui Nr. 3, Commedia dell'arte.

Schöne Lügen! Sie haben mich glauben gemacht, daß es das höchste vorstellbare Glück sei, mit einer Schauspieltruppe zu ziehen ...

... in der Welt herumzugondeln, mal eine schöne Stadt zu sehen, bald von Bäumen bedeckte Hügel. Man bestaunt hohe Berggipfel und durchquert weite Ebenen, weit, so weit das Auge reicht ...

Oder man fährt an den Küsten unermeßlicher Meere entlang. Aber alle diese Versprechungen waren Betrug!

Von wegen schnell reich werden. Daß ich nicht lache! Ständig pumpe ich den anderen noch was, und krieg' es nie zurück!

Um nochmals auf das Reisen zurückzukommen: Wissen Sie, woraus das herrliche Vergnügen besteht, in der Welt herumzugondeln: Regen, Eis, ungemütliche und verwanzte Zimmer, abscheuliche und störrische Pferde, kaputte Kutschen, unverschämte Wirte und viele andere Freuden dieser Art.

Und wenn der Hahn kräht – oder noch früher –, da widerhallt mein Name Riciulina in allen Windrichtungen: Hören Sie mal, meine Damen und Herren! Holla, Riciulina, bring mir die »Verliebte Fiametta«, ich möchte sie noch einmal bearbeiten ... das war der Impresario. Und der Pantalone: »Holla, Riciulina, bring mir die ›Unverblümtheiten der Jugendfrische‹, ich möchte sie noch einmal durchgehen ...« Und der Capitano ruft mir zu: »Schnell, Riciulina, meine Schöne, bring mir den Text, der die tapferen Taten meines Freundes Spavento rühmt ...« Und mein Harlekin befiehlt mir: »Geschwind, Riciulinchen, laß mich die Lazzi des Turlupino lesen«, und der Herr Dottore: »... meine kleine Riciulina, laß deine Hände die Werke meines Meisters Hippocrat in meine Hände legen, damit ich meine Gedanken nähren kann ...« Riciulina hier, Riciulina dort, Riciulina bla, bla, bla ... (sie imitiert dabei jedes Mal die erwähnte Person).

Aus basta, ich mag nicht mehr! Alle diese Werke sollen zur Hölle fahren, und sie sollen verflucht sein bis herauf auf diese Bretterbühne, wo sie wollen, daß ich diesen Prolog halte.

Wenn sie nach mir rufen, will ich mich Ihnen empfehlen, meine Damen und Herren. Wenn die anderen mich schikanieren, bitte ich Sie, mich aus ihren Händen zu befreien.

Und wenn derjenige, der mich befreit, mich zu seiner Dienerin haben will, werde ich zu Diensten sein ... Also bis bald ... meine Herren ...

Prolog des Pantalone
(Text von *Bruni* 1600)

Wenn der Mensch, dieses Tier mit zwei Händen, meine wundervollen Damen und Herren, der den Anspruch erhebt, alle anderen Lebewesen unter seiner Schuhsohle klein zu halten, sich nicht manchmal von der Dummheit hinreißen lassen würde, wäre er zweifellos der Herr des Hauses, der erste Mann dieser Republik, der Kapitän dieses Schiffes, der Herrscher des Reiches.

Die Welt ist in der Tat ein Schiff, da ja einst, als die Erde in der Sintflut versank, sich nur ein Schiff retten konnte.

Die Welt ist auch ein Haus, dessen Zimmer, Gemächer und Mansarden uns das Leben zuweist, solange wir leben. Wenn wir sterben, werden wir in die unterirdischen Lagerräume verstaut.

Diese Welt ist auch eine Republik, in der ihr erster Gründer die Verfügung erließ, daß selbst die Tiere in Freiheit leben sollten. Diese Welt ist auch ein Reich, dessen Umstürze und Umschwünge diejenigen hervorheben und niederstürzen, die zum Regieren würdig oder unwürdig sich erweisen ...

Jedoch wie ich bereits ausführte, schafft sich der Mensch, sein Wohl ignorierend und seinem eigenen Glück im Wege stehend, tausend Qualen, und lebt dadurch in immerwährenden Stürmen.

Stellen sie sich vor, es gibt sogar Leute, die behaupten, daß es das höchste Glück wäre, nichts zu besitzen, so wie dieser Dummkopf von Cratès, der alle seine Güter verkaufte und den Erlös ins Meer warf, weil das Geld seinen Studien im Wege stand ...

Dabei studieren wir und schwitzen Blut und Wasser und rackern uns ab, um später dann einige Pfennige mehr aus unseren Geschäften herauskitzeln zu können, und die anderen studieren und legen alles darauf an, um unsere Einkünfte zu kürzen und zu schmälern ...

Rede der Tautologie des Dottore
(Aus: »Della parte interpretativa« von *Perucci*)

Der, der immer unrecht hat, hat niemals recht;
ein Schiff, das sich auf dem hohen Meer befindet,
ist recht weit weg von einer Küste.
Von einem kranken Manne kann man mit Fug und Recht
behaupten, daß er sich unwohl fühlt.
Der, der meistens unrecht hat, hat nicht mehr Recht
als ein anderer.
Ein Krummbeiniger und ein Buckliger werden selten aufrecht
und grad durchs Leben gehn,
so wie ein Mann aus Ferrara nicht aus Mantua ist.
Und wer nicht schläft, kann nicht erwachen,
so wie ein schwächlicher Mensch von sich sagen kann,
daß ihm nicht gut ist ... Tja ... tja ...

Dialog zwischen Capitano Mignoleto und Zanni

Ich bin der berühmte Mignoleto,
General aller spanischen Truppen!
Wenn ich marschieren tu', erzittert wohl die Erde.
Ich bin's, der die Sonne lenkt,
und ich glaube nicht, daß man auf dieser Welt
einen finden wird, der mir das Wasser reichen kann.

Die Mauern meines Palastes sind gebaut aus den
Knochen der Engländer, die ich besiegt.
Meine Säle sind gepflastert mit den Köpfen
von ausgewählten Sergeanten der französischen Armee.
Ich will heute noch vor Mitternacht ganz Paris alleine fällen.
Die Triumphstraße nach St. Omer werde ich mit den Zungen
der Mädchen und Frauen belegen ...
Alle lieben mich und alle fürchten mich,
sei's im Frieden oder sei's im Krieg.
Ich verschlinge, wenn's sein muß, einen aufmüpfigen Prinzen
zum Nachtisch wie eine Zwiebel, und weine nicht einmal dabei ...

Zanni: Ja Herr, du bist der großartigste Mensch unter der Sonne (zum Publikum: »nur im Moment scheint keine ...«).
    Du Herr, laß mir die Gnade, bei dir bleiben zu dürfen.
(Laut) Der Herr Capitan erregt größtes Aufsehen,
    und sein Wert ist übervollkommen.
(Zum Publikum) so daß er in der Schlacht ganz hinten bei den letzten und auf der Flucht ganz vorne bei den ersten
    ist ...

Die Verliebten
(Ein Streitgespräch über Verachtung, Friede und Liebe)

Er: Geh weg!
Sie: Verschwinde!
Er: Aus meinen Augen, du Furie mit dem Engelsgesicht!
Sie: Hau ab, du Dämon mit der Maske der Liebe!
Er: Einst habe ich dich bewundert!
Sie: Einst habe ich dich angebetet!
Er: Du besitzt noch die Frechheit, dich in meiner Gegenwart aufzuhalten!
Sie: Du besitzt noch die Kühnheit, mich anzuschauen!
Er: Was ist Schönheit schon wert, wenn Lüge sie entstellt!
Sie: Ich hätte mir nie denken können, daß der Himmel die Hölle ist!
Er: Also los, verschwinde!
Sie: Befreie mich von deiner Anwesenheit!
Er: Ich will nicht!
Sie: Ich will nicht!
Er: Ich weiß nicht, was mich daran hindert, wegzugehen!

Sie: Eine unbekannte Kraft hält mich fest, aber Liebe ist es nicht!
Er: Du hast mich behext!
Sie: Du hast zuviel Gewalt über meine Augen!
Er: Deine Schönheit ermutigt mich, dich treu zu finden!
Sie: Du lügst, denn ich war immer treu!
Er: Und deine Liebe zu dem anderen?
Sie: Und deine Zuneigung zur anderen?
Er: Du irrst dich, man hat dich angelogen!
Sie: Und dich hat man falsch unterrichtet!
Er: Ich liebe dich!
Sie: Ich dich auch!
Er: Ich bete dich an!
Sie: Ich liebe dich mit meiner ganzen Leidenschaft.

Monolog des Harlekin
(Szene der Verzweiflung)

Ooooooh, ahhhh, ohhh ich Unglücklicher! Der Doktor will Columbina mit einem Bauern verheiraten und ich soll ohne Columbina leben!

Ooooooh, aaaaahhh, ich sterbe! Ich will sterben! Ooooooh, du blöder, saublöder, hundsgemeiner Doktor!

Ooooooh, du flatterhafte Columbina, du treuloses Weib ...

Oooooh, aaaaah, du dummer Saubauer, der seine Hände nach meiner Columbina ausstreckt! Ahhhh, du armer, armer Harlekin, auf in den Tod! Man wird in allen Geschichtsbüchern mit dicken Buchstaben schreiben: »Harlekin ist wegen Columbina gestorben, ooooooh Jammer über seinen Tod!«

Ich werde nun in meine Kammer gehen, einen Strick über den Balken werfen, auf einen Stuhl steigen und diesem einen Tritt geben.

(Nimmt die Haltung eines Erhängten ein.) ...

Aber nein, sich aufhängen ist ein ganz gewöhnlicher Tod, zu alltäglich, das kann mir nicht zur Ehre gereichen. Alle würden sagen, »der hat sich aufgehängt ...«

(Er fuchtelt mit seinem Dolch.) Oh, da kann man sich ja verletzen ... Ich suche mir einen außerordentlichen Tod aus ... irgendeinen Heldentod ... einen Tod, der zu Harlekin paßt! (Er grübelt nach.)

Ich hab's. Ich verstopfe mir Mund, Nase und Ohren, dann ersticke ich. So wird's gemacht. (Er verstopft sich Mund, Nase und Ohren und bleibt eine Weile so stehen – dann furzt er.) Oh je, die Luft kommt einfach hinten raus ... So geht's also auch nicht!

Ach, wie mühsam ist das Sterben, das ist ja noch mühseliger als das Leben. Das rentiert sich ja gar nicht!

Wenn jemand von ihnen im Publikum die Güte haben wollte, mir einmal vorzusterben, so wäre ich ihm sehr verbunden!

Ach, ich hab's!!! Ich habe gelesen, daß schon manche Leute in der Komödie vor Lachen gestorben sind. Aber ich bin ja selbst der Harlekin! Aber ich reagiere sehr empfindlich auf Kitzeln. Das ist es! (Er kitzelt sich nun selbst.) Ich werde mich so lange kitzeln, bis ich umfalle. (Er lacht furchtbar und fällt um.)

Schließlich kommt Brighella herein, hält ihn zunächst für betrunken, hebt ihn dann auf, tröstet ihn und führt ihn hinaus.

Arliquiniana oder die Wortspiele des Dominique und der anderen

Columbina:	Hand auf's Herz, mein Freund, liebst du mich?
Harlekin:	Ja, sicher liebe ich dich, so wie die Vecchi ihr Geld lieben.
Columbina:	Ich liebe dich, wie die Droschkenfahrer das schlechte Wetter lieben!
Harlekin:	Und ich dich, wie die Pfandleiher den Geldmangel!
Columbina:	Und ich dich, wie die Tanzmeister die schönen Anzüge!
Harlekin:	Und ich dich, wie die Ärzte die Krankheiten lieben!
Columbina:	Und ich dich, wie die Männer die Lügen lieben!
Harlekin:	Und ich dich, wie die Frauen die Schminke lieben!
Columbina:	Und ich dich, wie die Diebe das Gedränge lieben!
Harlekin:	Und ich dich, wie die Stückeautoren den Applaus lieben!
Columbina:	Und ich dich, wie die Musiker das Saufen!
Harlekin:	Und ich dich, wie die Waffenfabrikanten den Krieg lieben!
Columbina:	Jetzt hör auf, ich wüßte nichts Stärkeres mehr zu finden!

Von der improvisierten Szene zur selbstgeschriebenen Commedia

Zur besseren Erklärung dieses Weges von der improvisierten Szene zum selbstgeschriebenen Stück möchte ich kurz die Erfahrungen beschreiben, die ich in achtjähriger Arbeit mit der Commedia zusammen mit dem Pantomimenensemble am Dehnberger Hof Theater machte.

Am Anfang standen die oben beschriebenen Übungen zum Bewegungs- und Haltungsschwerpunkt der verschiedenen Figuren. Kleine Etüden – wie z. B. Essen von einem Teller, Öffnen eines Briefes, usw. –, zuerst real, dann mit pantomimischen Gegenständen, folgten. Wir stellten auch »Lebende Bilder« nach alten Stichen und Gemälden und ließen diese Bilder dann lebendig werden, und die Figuren begannen zu sprechen. Dadurch erreichten wir, daß Bewegungsschwerpunkt und Stimme im Sinne des Körpertheaters zusammenfanden. Bei diesen Übungen spielte der Text überhaupt keine Rolle – ja, es war schlicht verboten, darüber nachzudenken, »was man denn jetzt sagen sollte«. Wenn einem Spieler nichts einfiel, so spielte dieser nur mit Lauten. Dadurch sollte eine zu frühe »Verkopfung« des Spieles verhindert werden.

In dieser Übungsphase – die übrigens immer noch zum Trainingsprogramm gehört – spielt jedes Mitglied des Ensembles, unabhängig von Geschlecht und Typ, jede Figur der Commedia.

Nun begannen wir, mit den Masken der Commedia dell'arte zu spielen. Dabei half uns, daß wir von anderen Pantomimen bereits den Umgang mit Masken gewohnt waren, daß wir wußten, daß eine Maske nicht nur das Gesicht verbirgt und die Mimik des Spielers unsichtbar macht, sondern auch die Bewegungen vergrößert, daß ein und dieselbe Maske je nach Körperspiel ihren Ausdruck verändert, daß der Körper eines Spielers einer Maske zu »dienen« hat.

Selbstverständlich kamen den Spielern und dem Maskenmacher unserer Gruppe auch die Erfahrungen zugute, die *Giorgio Strehler*, *Amleto Sartori*, der Maskenmacher, und *Marcello Moretti*, der Darsteller des Harlekins, bei der Realisation der legendären Fassungen von *Goldonis* »Diener zweier Herren« gemacht haben: »Die Maske ist ein mysteriöses grausames ›Instrument‹. Mir verursacht sie seit jeher das Gefühl des Schreckens. Mit der Maske sind wir an der Schwelle des Theater-Geheimnisses, wachen die Dämonen wieder auf, die ewigen, unwandelbaren Gesichter, die zum Ursprung des Theaters gehören. Man stellt z. B. sehr schnell fest, daß der Schauspieler auf der Bühne die Maske nicht mit der gewohnten Geste der Hände berühren darf (Hand an die Stirn, das Gesicht mit den Händen bedecken etc.). Diese Gesten werden dann absurd, unmenschlich, falsch. Um seine Ausdrucksmöglichkeiten wiederzufinden, muß der Schauspieler lernen, die Geste mit der Hand zu ›skizzieren‹, statt sie realistisch auszuführen. Die Maske verträgt also nicht die Konkretheit einer realen Gebärde. Die Maske ist rituell.«[16]

Ebenso lernten wir, so wie es *Sartori* beschrieben hat, daß die festgelegten Masken der Commedia dem Spieler auch einen bestimmten Bewegungsrhythmus aufzwangen: So kann sich z. B. der Darsteller des Harlekins wegen der kleinen Augenöffnungen der Maske nur »ruckartig« fortbewegen, indem er immer wieder auf seinen Weg schauen muß, da ihm die Maske nur etwa einen Quadratmeter Bodenfläche freigibt. Diese ständige erzwungene Beweglichkeit kommt aber genau dem Bewegungsduktus des Harlekins entgegen!

Wir gingen nun dazu über, Etüden, überlieferte Lazzi und Spielszenen zu kleinen Commedias zusammenzubauen und diese auch als Straßentheater aufzuführen: Wir zogen bei Stadtfesten u. ä. mit einem großen Leiterwagen durch die Straßen und spielten, wo immer Leute stehenblieben, unsere kleinen Szenen.

---

16 *Giorgio Strehler*, Für ein menschliches Theater.

Bis dahin hieß es in unserer Truppe: »Ein Pantomime muß jede Rolle spielen.« Keiner sollte innerhalb des Ensembles auf bestimmte Rollen festgelegt werden. Nun mußten wir aus schlechten Erfahrungen heraus auf diese Regel verzichten. Jeder Spieler und jede Spielerin legte sich auf eine bestimmte Figur fest und feilte an dieser Rolle, ohne daß ausgeschlossen war, sich auch an anderen Typen zu versuchen. Dabei lernten wir das »Geheimnis« der »Tipi fissi« kennen, das wir zwar theoretisch schon längst wußten, aber praktisch nicht wahrhaben wollten: Die Figur hat zwar feste Bewegungsschwerpunkte, bestimmte Verhaltensweisen und Haltungen, die sich nie ändern, die sich aber trotzdem von Situation zu Situation in Nuancen wandeln. Somit wird eine Figur nie »langweilig«, auch wenn wir uns heute schlecht vorstellen können, daß ein Mitglied einer Commediatruppe der Renaissance sein ganzes Leben lang – oft waren Maske, Lazzi und Tricks von Vater auf Sohn vererbt – »nur« einen Typ, wie z. B. den Pantalone, spielte und es als eine Beleidigung empfunden hätte, wenn einer an ihn das Ansinnen gestellt hätte, heute mal für den Dottore oder den Capitano »einzuspringen«. Wenn eine Truppe keinen Dottoredarsteller hatte, kam auch in den Stücken kein Dottore vor!

Nach einer etwa dreijährigen »Aufbauphase« gingen wir nun dazu über, größere Stücke von etwa halbstündiger Dauer zu erarbeiten. Dabei lernten wir auch den Begriff »all'improviso« zu verstehen. Zu Beginn der Forschungen über die Commedia stand ich staunend vor den Berichten und konnte es nicht begreifen, daß man »aus dem Stegreif« so witzig, so geistreich und so spritzig spielen konnte. Doch mit der eigenen Arbeit erahnten wir langsam, daß man »all' improviso« nicht mit dem deutschen »Stegreif« gleichsetzen konnte, daß hinter dem »all' improviso« vor allem das »dell'arte« steckte. Sicherlich gab es in der Commedia keinen festgeschriebenen Text, jedoch hatte jeder Darsteller sozusagen einen »Fundus« von Kurzszenen, Monologen, Dialogteilen und Lazzi, die er nach Belieben in den szenischen Ablauf einbringen konnte.

Hier lernten wir nun, auf die Reaktionen des Publikums und der Partner zu achten und einzugehen, wobei der »rote Faden ziemlich dick war«, es jedoch jedem Spieler erlaubt war, neue Ideen in die sehr gut geübte Szene einzubringen. Wir lernten, daß Commedia-Spielen nicht heißen kann, »mal auf die Bühne zu gehen und zu hoffen, daß einem dann etwas einfällt«, sondern daß gerade die »offenen Szenen« am genauesten geübt sein müssen, da jeder frei ist im Text, sich aber trotzdem an den festgelegten Spielablauf halten muß. Die Trillerpfeife des Direktors, die einen Spieler von der Bühne holte, wenn er zu lange seine Lazzi trieb und den anderen Spieler die »Butter vom Brot nahm«, ist sicher nur eine geistreiche und scherzhafte Erfindung!

Das genaue Studium von *Dshiwelegows* Arbeit über die Commedia überzeugte uns immer mehr, daß die Commedia ein politisches Volkstheater gewesen sein muß, das frech seine Witze über die Mächtigen riß, sehr wohl gepaart mit dem geübten Blick für Spitzel im Publikum.

Die Typen der Alten, des Capitano, stellten die Mächtigen, die Etablierten dem Gelächter aus, und »Zanni kam aus der Einsamkeit, aus seiner Isolierung von den Bergen herunter, er wird von der Hungersnot in die Stadt getrieben. So wird er zum Harlekin. Die Republik Venedig verschlingt alles, ohne mit der Wimper zu zucken. Auf dem Gipfel ihrer Üppigkeit birgt sie unermeßliche Reichtümer in ihren Mauern und pfercht sie mit Verhungernden zusammen ... Hinter Harlekin steht die furchtbare Gegenwart der Entwurzelten und Vernichteten.«[17]

---

17 Die Commedia dell'arte in den Masken der Sartoris. Beitrag von *A. Sartori*.

Auch heute noch gibt es raffgierige Pantalones: Warum sollen sie heute nicht ihre Bilanzen und Gewinne mit dem Taschencomputer berechnen? Auch heute gibt es die »Löwenbanner-Pflanzen«, die aus jedem zusätzlich geschaffenen Arbeitsplatz »den wirtschaftlichen Aufschwung« herleiten. Ebenso gibt es unter den Dekanen und Professoren der Universitäten noch die Dottores, die zäh festhalten an überkommenem, aber unnützem Wissen, die Arroganz mit Dummheit verbinden und sich dabei auch noch schlau vorkommen. Auch heute noch gibt es die Richter, die behaupten, daß das, »was damals recht war, heute nicht unrecht sein kann«.

So bauten wir politische Tagesereignisse in unsere Commedias ein und staunten, wie schnell die Zuschauer assoziierten, wenn Pantalone und Harlekin in den traditionellen Kostümen und Masken auf der Bühne agierten. Dies gab mir den Mut, Commedias über politische Ereignisse zu schreiben und zu spielen; die bereits geschriebenen ständig den Verhältnissen anzupassen. Dabei merkten wir, daß man als Commediaspieler uneitel sein muß, denn das Publikum kommt nicht, »um zu sehen und gesehen zu werden«, sondern bleibt stehen, wenn es ihm gefällt, und geht weiter, wenn ihm Inhalt oder Spielweise nicht behagen.

Wenn man versucht, die Commedia wiederzubeleben, so sollte man sich dabei nicht nur auf Kostüm, Schwerpunkt und Maske beschränken. Der Harlekin, den wir aus der Überlieferung und aus den Stücken von *Goldoni, Molière, von Gozzi* kennen, ist bereits ein Höfling, ist bereits domestiziert: »Er treibt sich nicht mehr streunend auf den Dorfplätzen herum, die Höfe haben sich hinter ihm geschlossen. Er hat so gefallen und belustigt, daß man ihm die Ehre erwiesen hat, für die Fürsten spielen zu dürfen. Diese Gelegenheit hat er gierig und heißhungrig angenommen, sie haben ihn von den Plätzen weggeholt – und er hat sich selbst eingemauert. Dies alles geschieht, um den Herren zu gefallen. Diese lachen, aber die Unflätigkeiten, die Frechheiten des Harlekin wirken falsch im seidigen Rascheln des Hofes, sie wirken immer peinlicher, der Luxus macht sie zu Eis, Harlekin hat keine Verbindung mehr zum Volk, und er hat keinen Grund, es zu suchen. Von der aufrührerischen Kraft ist nur noch eine vergoldete Sklaverei geblieben. – Das Geld und der Respekt, den man dem Komödianten entgegenbringt, beherrschen ihn mehr, als vorher die Angst vor dem Scheiterhaufen.«[18]

Wer möchte bei diesen Sätzen über die geschichtliche Wandlung der Commedia nicht auch an subventionierte Stadttheater denken?

---

18 Ebenda.

Mandragola
(Commedia dell'arte frei nach *Niccolò Machiavelli*)

Callimaco, ein angeblicher Arzt, in Lucrezia verliebt
Harlekin, sein Diener
Pantalone, ein reicher Kaufmann, Ehemann der Lucrezia
Lucrezia, Ehefrau des Pantalone
Miranda, Schwester des Pantalone, der ihr die Mitgift für eine Heirat nicht ausbezahlen will, bevor ihm nicht ein Stammhalter geboren wird
Columbina, die Dienerin im Hause des Pantalone

Szene 1
Callimaco und Harlekin wollen zum Mittagessen gehen und schwärmen von guten Speisen. Da begegnet ihnen Lucrezia. Callimaco und Harlekin bleiben stehen. Callimaco schwärmt von der wunderschönen Frau. (Callimaco: »... das ebenholzfarbige Haar, die perlenartigen Zähne ...« Harlekin: »... wenn der noch mehr aufzählt, versäumen wir sogar das Abendessen ...«) Callimaco befiehlt Harlekin, den Familiennamen und das Haus der Schönen herauszufinden. (»Jetzt gleich? Vor dem Essen bin ich immer so schwach!« ... Jetzt und sofort!)
 Harlekin: »Gott bewahre mich vor aller Leidenschaft und erhalte mir meinen gesunden Appetit, meinen gesunden Schlaf und meinen gesunden Menschenverstand.«
 Er klingelt an der Tür, durch die Lucrezia verschwunden ist. Columbina öffnet. Harlekin verliebt sich blitzartig und starrt nur noch Columbina an, frißt aber dabei die Keksdose leer, die ihm Callimaco als Präsent mitgegeben hat.
 Harlekin kehrt zu seinem Herrn zurück. Beide schwärmen nun synchron, bis sie den Namen aussprechen und Callimaco merkt, daß Harlekin ihm nicht zustimmt, sondern eine andere meint. Harlekin wird wieder an die Tür geschickt. Wiederholung der Lazzi.
 Donna Miranda tritt aus der Tür und fragt, was los sei. Gespräch zwischen Callimaco und Miranda. Miranda erzählt, daß Pantalone sehr eifersüchtig sei, ein sturer Kopf, der ihr die Mitgift verweigere, solange kein Stammhalter geboren ist. Lucrezia sei leicht kränklich. Sie schlägt vor, daß Callimaco, wenn er sich schon in ihre Schwester verliebt habe, als Arzt am ehesten bei ihr Zutritt habe und vielleicht auch gleich das Problem des Stammhalters lösen könne. Callimaco lehnt zunächst ab. Miranda: »Es ist eine ehrenvolle Handlung, einen Dummkopf einzuwickeln und zwei armen Frauen zu ihrem Glück zu verhelfen.«

Szene 2
Pantalone kommt und schimpft auf die Regierung, die nun eine Kinderlosensteuer einführen will. Daß seine Ehe kinderlos blieb, liegt natürlich nur an seiner Frau, er hätte ja schließlich Erfahrung, aber »bei meiner Frau werden Vatafreuden zur Fatamorgana«.

Miranda stellt Callimaco vor, er sei lange Leibarzt des Königs gewesen und könne es sogar auf französisch... Pantalone erzählt ihm sofort von seinen familiären Schwierigkeiten und will ihn als Hausarzt engagieren. Miranda freut sich: »Er kann bestimmt Frauen in Zustände versetzen, die zu Umständen führen.«

Callimaco zitiert: »Gallia est divisa in partes tres«, und Pantalone staunt über seine Fachkenntnisse in der Medizin... Donna Lucrezia wird vorgestellt. Ein Untersuchungstermin wird vereinbart.

Szene 3
Miranda erzählt Lucrezia von ihrem Plan: »Ich habe den jungen Mann als Arzt vorgestellt, und dein Alter ist sofort darauf eingegangen...« »Was, er ist tot?«

Miranda entwickelt den Plan: Callimaco wird Lucrezia die Schuld an der Kinderlosigkeit zuweisen. Er wird ihr dann den Sud der Mandragola verschreiben. Wer diesen Sud trinkt, wird ganz bestimmt ein Kind bekommen. Aber der erste, der dieser Frau beiwohnt, wird sterben müssen. Dies alles wird Pantalone bestimmt glauben und auch auf das Angebot Callimacos eingehen, sich, mit dem nötigen Gegengift und den medizinischen Kenntnissen versehen, zu opfern, den Saft der Mandragola beim ersten Beischlaf in sich aufzunehmen. Miranda und Lucrezia proben mit Columbina die Entrüstung der Frauen, wenn Pantalone kommt und die erzählten Forderungen stellt.

Columbina: »Wenn ihr Mann mein Mann wäre und mich auffordern würde, würde ich nicht lange überlegen. Der Mann ist hübsch! Mit dem würde ich auch mal gerne Doktor spielen.«

Die Frauen wollen an Pantalone Bedingungen stellen. Miranda darf heiraten und erhält die Mitgift ausbezahlt; Lucrezia darf sich unter »ärztlicher Aufsicht« in der Toscana erholen, und Columbina darf heiraten und bei der Herrin bleiben (sie weiß sogar schon wen!).

Szene 4
Callimaco und Harlekin kommen zu Pantalone. Die Untersuchung beginnt. Urinschau, Harlekin trinkt und wird ohnmächtig. Er stellt sich sehr dumm an als Arztgehilfe und treibt seine Lazzi.

Pantalone: »An mir kann die Kinderlosigkeit nicht liegen, bei meinem Geist...« Harlekin: »Tja, dann müssen wir tiefer gehen!«

Callimaco stellt verabredungsgemäß die Diagnose und erklärt Pantalone die Wirkung der Mandragolawurzel. Pantalone ist zunächst empört, geht aber dann nach Berechnung der Kinderlosensteuer auf den Vorschlag ein. Er dankt Callimaco für seinen ärztlichen Opfersinn. Callimaco: »Seien Sie nur ruhig!«

Pantalone: »Aber wie soll ich Kinder machen, wenn ich mich ruhig verhalte?«

Callimaco: »Das lassen Sie nur meine Sache sein!«

Miranda hat gelauscht und geht ab, um Lucrezia den Erfolg des Planes zu berichten... Harlekin schwatzt auf eigene Faust noch Pantalone Geld für Medizin ab und lädt damit Columbina zum feinen Essen ein, denn »Essen und Trinken sei die beste Medizin«!

Szene 5
Pantalone ruft nach Columbina und will seinen Tee und außerdem seine Frau sprechen. Columbina: »Ihr Tee und Ihre Frau erwarten Sie bereits in abgekühltem Zustand.«

Pantalone »überredet« nun Lucrezia und stimmt nach großem Gejammer sogar den drei Bedingungen der Frauen zu ... Harlekin bringt feierlich den Trunk. Pantalone wünscht Callimaco unter vielen Dankesworten Glück. Callimaco und Lucrezia ziehen sich zurück. Pantalone preist seine Altersweisheit, und Miranda kommentiert, daß diese für die Jugend eine dürre Weide sei. Aber nun werde ja alles gut, dank des Geizes von Pantalone.

Szene 6
Harlekin will das Haus mit gepacktem Bündel verlassen. Columbina fragt, ob ihn hier nichts mehr halten würde. Harlekin: »Mein Herr ist nun Hausarzt auf Lebenszeit, man braucht mich nicht mehr. Außerdem liegt die Wanderlust in der Familie.«

Columbina und Harlekin schauen sich an, möchten sich am liebsten umarmen. Aber Harlekin will gehen: »Du weißt genau, ich habe kein Geld, keinen festen Beruf ...« Columbina: »Und wenn meine Herrin versprochen hätte, dich und mich als Diener im Hause zu behalten? ...« Harlekin: »Dann könnten wir beide ja ... dann bist du jetzt meine Braut ...« »Und du mein Bräutigam ... und bald eine Ehefrau ... und bald ein Ehemann ...« Harlekin will weglaufen, als er das hört. Doch Columbina hält ihn fest und versöhnt ihn mit dem Gedanken, bald viele kleine Harlekins und Columbinas zu haben ... Columbina: »Und wenn durch die Tücke des Schicksals der Kindersegen ausbleibt, weiß ich ja, wohin ich mich zu wenden habe.« Harlekin: »Hiergeblieben!!!«

Harlekin pfeift auf den Krieg
(Eine Commedia gegen den Krieg – anläßlich eines sinnlosen Krieges um die Falklandinseln)

Donna Margareta, die Fürstin des Landes; die Frau, die einen »Dätscher« hat
Capitano Mac Mirandus, alter General der Fürstin Margareta
Pantalone, der Besitzer der Schafherden auf den Inseln, Besitzer von vielen Wollfabriken und Waffenfabriken
Donna Elvira, seine Frau
Dottore, Redenschreiber und Berufsjubler der Fürstin Margareta
Rosaura, die Tochter des Pantalone
Leander, der Verlobte von Rosaura
Columbina, die Dienerin von Rosaura
Harlekin, der Diener von Pantalone
Brighella, ein Diener, der vor dem Kriegsdienst von den Inseln geflohen ist

Szene 1
Pantalone schimpft: »Der Export von Waffen geht zurück, die eigenen Leute kaufen auch keine mehr. Alle schleppen ihre rostigen Degen mit sich herum. Da müßte mal wieder etwas passieren. Nur so ein kleiner Krieg, kein Ernstfall, nein, nur ein kleiner Krieg, mit einer überschaubaren Anzahl von Toten. Oder wenigstens die Nachrüstung sollte angekurbelt werden. Denn wenn wir nachrüsten, rüsten die anderen nachnach, und wir dann wieder nachnachnach. Und wenn der Krieg vorbei ist, bin ich auf alle Fälle bei den Gewinnern. Man sollte den Capitano, den Chef unseres Heeres, anheizen!«

Pantalone schreibt an Capitano einen Brief. Er ruft nach Harlekin, der den Brief besorgen soll. Harlekin will vorher essen. Pantalone: »Ich rede hier von Dingen, die die Welt bewegen, und du hast Hunger!« Harlekin: »Meine Welt ist gesünder, denn wenn alle vom Krieg reden, werden bald alle vom Hunger reden...« Harlekin geht, aber vorher frißt er die Häppchen auf, die Pantalone für seine Geschäftsfreunde hat vorbereiten lassen.

Donna Elvira tritt auf und will mehr Haushaltsgeld. Pantalone vertröstet sie auf den Krieg. Elvira versteht nicht. Pantalone: »Ganz einfach, wenn es Krieg gibt, brauchen wir neue Waffen, also auch mehr Arbeiter; mehr Arbeiter bedeutet mehr Gewinn. Wer dann noch arbeitslos ist, wird Soldat und macht die neuen Waffen wieder kaputt, dadurch brauchen wir wieder neue Waffen und ich verdiene daran. Und wenn ich mehr verdiene, bekommst du auch mehr Wirtschaftsgeld. Also warte auf den nächsten Krieg!«

Szene 2
Harlekin bei Capitano. Dieser poliert seine Orden. Harlekin veralbert den militärischen Gruß, den Capitano von ihm verlangt. Capitano: »Die militärische Haltung unterscheidet den Menschen vom Tier... macht aus einem Menschen erst einen Mann.« Harlekin entgegnet, daß seine Columbina das etwas anders sehen würde, und wird aus dem Zimmer gewiesen...

Donna Margareta tritt ein und informiert den Capitano, daß »unsere Inseln, die seit 45 Jahren unsere Heimat sind, die wir damals mit großen Opfern und einem langen Krieg befreiten, nun vom Feind besetzt wurden. Das kann sich eine Großmacht wie wir nicht bieten lassen. Außerdem möchte ich wiedergewählt werden. Also, für Falk und Vaterland, holt die Inseln zurück!«

Pantalone tritt ein und bittet Donna Margareta kniefällig, die Inseln wieder zurückzuerobern. Die Schafe, seine kleinen netten Schafe würden ihm so leid tun. Außerdem sei die Wollfabrikation in Gefahr. Capitano: »Es wird mir eine Wollust sein, die Feinde zurückzuwerfen.«

Dottore trifft ein und wird von Margareta beauftragt, eine Rede zu schreiben, mit der sie der Weltöffentlichkeit den Angriff auf den Feind begründen könne... (Donna Margareta und Dottore ab) Capitano und Pantalone verabreden noch ein Waffengeschäft. Wenn der erwartete Gewinn eintrifft, so soll Capitano die Tochter des Pantalone zur Frau erhalten.

Szene 3
Columbina kämmt ihre Herrin Rosaura. Diese schwärmt von ihrem Verlobten Leander: »Seine löwenhafte Brust, sein panthergleicher Gang, seine gazellenhaften Kopfbewegungen...«

Leander tritt auf und bewundert Rosaura: »Deine lilienweißen Hände, deine Pfirsichwangen, dein Kirschmund.«

Columbina: »Die eine hat's mit den Viechern und der andere mit Obst und Gemüse. Daß die Vornehmen nicht einfach sagen können, daß sie sich lieben...«

Da tritt Capitano auf und meldet seine »Rechte« an Rosaura an. Ihr Vater hätte sie ihm als Braut und Frau versprochen. Als Leander widerspricht, ernennt ihn Capitano zum Befehlshaber der Landungstruppen. Er selber könne leider nicht mit zum Feldzug, da er wichtige Dinge zu erledigen habe...

Szene 4
Harlekin und Columbina besprechen ihre Heirat. Columbina möchte nicht mehr länger nur eine Liebschaft sein...

Aber plötzlich heult Columbina los. Sie ist traurig, daß sie bald Witwe wird, da Harlekin in den Krieg ziehen soll ...
Harlekin will sich bei der Musterung krank, taub oder blöd stellen. Sie proben nun beide »Musterung«. Harlekin stellt sich zuerst taub. Jedoch die Frage, ob er etwas zu essen möchte, bejaht er sofort ... Dann stellt er sich armamputiert und versteckt den Arm im Ärmel, verabschiedet sich dann jedoch mit Handschlag ...
Harlekin wird es nie lernen ...
Donna Margareta, Dottore, Capitano und Pantalone treten auf, um in vaterländischer Begeisterung die Truppen zu verabschieden. Jeder hält eine Rede ... Alle gehen ab und singen die Hymne:

>»Gott mit uns und unsern Inseln
>Teil des teuren Vaterlands
>über unsere Schafe halte
>deine göttlich Segenshand.
>
>Und erhalte uns die Ma-acht
>und erhalt uns den Profit ...
>
>Denn so sind alle glücklich.
>Nur so winkt uns das Glück.«

Alle gehen ab. Harlekin bleibt auf der Bühne (zum Publikum): »Die können leicht reden vom Krieg und Heldentod, die müssen ihren Kopf ja nicht hinhalten:
Die Großen reden im Trocknen von Kriegen und Haß
doch wir Kleinen stehen im Regen
und werden naß ...

Szene 5
Brighella spricht Harlekin an und bittet um Essen. Er hat seit einigen Tagen nichts mehr gegessen. Er sei von den Inseln abgehauen, weil seine Regierung die Inseln besetzt habe; und nun solle er die Inseln verteidigen, die er gar nicht wollte.
Brighella: »Weißt du, lieber zwei Monate lang ein Feigling, als das ganze Leben lang tot.« Harlekin und Brighella begreifen plötzlich, daß sie ja eigentlich »Feinde« sind, obwohl sie sich gut verstanden haben. Brighella erzählt, daß man vor den Feinden Angst haben müsse, weil das seien sehr böse Menschen, die tun ihren Gefangenen Kiesel in die Schuhe, damit es beim Laufen weh tut. Sein General habe das gesagt. Harlekin behauptet, daß das sein Capitano auch behauptet habe. Harlekin und Brighella rätseln, ob es nicht derselbe General sei ...[19].
Harlekin und Brighella schwärmen sich nun gegenseitig vor, wie gut ihre Verlobten kochen, und laden sich ein, nach dem Krieg miteinander zu essen.
Nun tritt Leander auf. Er möchte gerne zu Hause bleiben, was aber seine Ehre und das Vaterland nicht zulassen. Andererseits stirbt seine Liebe, weil Rosaura an den Capitano verheiratet wird.

---

[19] Die Anleihe aus *Arabals* »Picknick im Felde« entspricht den Gewohnheiten der Commedia dell'arte.

Harlekin: »Was ist das für eine Entscheidung: Vaterland oder Liebe! Schau dich um, wer ist denn dein Vaterland? Das siehst du nicht, aber wo die Liebe sitzt, das weißt du!« Leander faßt sich ans Herz. Harlekin: »Nun ja, ich spür' sie etwas tiefer, aber dafür seid ihr auch sozial höherstehend!«

Nun kommen Columbina, Rosaura und Donna Elvira dazu: »Den Krieg darf man nicht den Männern überlassen!« Columbina erinnert sich an ein Theaterstück. Da kam ein Gott aus der Wolke und löste zum Schluß alle Probleme. Sie beratschlagen, wer für sie der »Deus ex machina« sein könnte. Sie beschließen, Brighella als Papst zu verkleiden.

Als Donna Margareta, Capitano, Dottore und Pantalone aufmarschieren, um die ersten Siege zu feiern, tritt Brighella als Papst auf, verbietet den Krieg und verbannt Donna Margareta aus dem Lande. Auch der Capitano wird verjagt, und Pantalones Fabriken übernimmt seine Frau Elvira.

Brighella zieht sein Papstkostüm aus und spricht zum Publikum:

»Ihr habt ein Spiel gesehen,
ein Märchen, schön erfunden.
Die Großen sind nicht von Natur aus groß,
die Kleinen nicht selbstverständlich einfach klein ...
Sagt einfach *nein*,
dann könnt ihr selbst,
der Gott aus der Maschine sein.«

Der Weg
(Pantomimische Commedia – eine Hommage an alle, die vor uns Commedia spielten)

Eine einfache Geschichte soll gespielt werden, wie sie vielleicht »das Leben schrieb« – ganz sicher aber, wie sie seit Jahrhunderten auf den Jahrmärkten, in den Drei-Groschen-Theatern, auf den Straßen und Plätzen gespielt wurde: Ein würdiger Bürger hat eine Tochter. Diese hat er für einen alten reichen Ehrenmann bestimmt als Braut. Sie aber liebt einen jungen Nichtsnutz ...

Prolog: Aus dem Dunkel taucht eine Tanzmaske der primitiven Kulturen auf: die Beschwörung der Jäger, die Darstellung des Jagdglücks ...

Dieser folgt eine Satyrmaske des antiken Schauspiels ... dann kommt Harlequin, der Vorfahr aller Harlekins, Pierrots, Clowns und Kasperles.

1. Szene
(Commedia dell'arte – Italien um 1690)

Harlekin wartet mit einer Rose auf seine geliebte Columbina und frißt vor Erwartung und Hunger die Rose auf. Dann endlich kommt Columbina. Man tanzt und ißt die von Columbina mitgebrachten Würste. Da taucht Dottore, der Vater Columbinas, auf. Er trennt die beiden Liebenden und bedroht Harlekin.

Pantalone, der alte geile Bock, freut sich auf seine junge Braut Columbina, die ihm vom Dottore versprochen wurde. Er zählt sein Geld. Dann schleift Dottore seine Tochter herein. Pantalone begrüßt sie. Nun setzen die beiden Alten den Ehevertrag auf. Columbina spielt eine Ohnmacht, als sich Pantalone über sie hermachen will.

Pantalone schreibt an seine junge Braut einen Liebesbrief. Man sieht richtig seine Vorfreude. Harlekin soll den Brief an Columbina besorgen. Harlekin treibt Schabernack mit dem Alten.

Harlekin gibt den Brief bei Columbina und ihrem Vater ab. Columbina weigert sich, den alten Pantalone zu heiraten. Dottore schildert ihr all den Schmuck, die Kleider und das Geld, das sie mit Pantalone erhält. Wütend lehnt Columbina ab. Doch zu ihrem Erstaunen redet auch Harlekin ihr zu und macht ihr Mut, Pantalone im Park zu einem Rendezvous zu treffen. Resigniert stimmt sie endlich zu.

Harlekin wartet bereits im Park auf Columbina. Er erklärt ihr seinen Plan. Als Denkmal verkleidet, will er Pantalone ein für allemal die Lust auf Columbina austreiben. Da naht auch schon Pantalone. Columbina lädt ihn ein, mit ihr auf der Bank zu sitzen. Gleich will Pantalone wieder handgreiflich werden. Doch da greift das Denkmal ein und verjagt Pantalone.

Als Pantalone und Dottore, den der Alte zur Verstärkung geholt hat, am Schauplatz eintreffen, präsentiert sich Harlekin als Retter und erhält zur Belohnung die Hand der Columbina.

2. Szene
(Mimodram – Frankreich um 1830; pantomime romantique, dargestellt im Theatre des Funambules)

Pierrot und Columbine lieben sich, jedoch Docteur Le Force, ihr strenger Vater, ist gegen die Verbindung. Er hat seine Tochter dem reichen Kaufmann Kassander versprochen. Beide sind traurig. Pierrot holt ein blutendes Herz aus seiner Jacke. Sie schwören sich ewige Liebe und Treue. Da geht der Docteur dazwischen, verjagt Pierrot und schlägt seine Tochter.

Kassander holt Schmuckstücke aus seiner Schatulle, die er als Brautgabe übergeben will. Dottore kommt und schleift seine Tochter herein. Kassander verehrt sie und begrüßt sie galant. Er übergibt ihr einen kostbaren Ring. Columbine wirft den Ring zu Boden. Dottore schlägt sie und jagt sie durchs Zimmer. Kassander reibt sich die Hände.

Kassander schreibt an Columbine einen Brief und gibt den verschmähten Ring mit in den Brief. Pierrot, sein Diener, sitzt traurig dabei. Als er bemerkt, daß der Brief an Columbine ist, stört er Kassander durch heimliche Fußtritte. Als Kassander endlich merkt, von wem die Tritte kommen, wirft er Pierrot raus. Er soll endlich den Brief und das Geschenk an Columbine bringen – und zwar ohne Widerrede.

Pierrot übergibt zuerst den Ring und dann den Brief an Columbine. Diese glaubt zuerst, der Ring sei von Pierrot. Erst als sie den Brief liest, bemerkt sie ihren Irrtum und wird wütend. Doch sie versöhnt sich schnell mit Pierrot. Da kommt wieder der Docteur und prügelt sie zum Rendezvouz mit Kassander.

Kassander wartet schon auf Columbine und wirft sie im Überschwange der Begrüßung zu Boden. Diese Tatsache nützt er natürlich gleich aus. Da naht Pierrot, der sich als Capitan verkleidet hat. In seiner Wut und Angst wird er zum Löwen. Er bedroht Kassander mit dem Degen. Dieser flieht, und Pierrot gibt sich Columbine zu erkennen. Kassander kommt mit dem Docteur Le Force zurück. Pierrot gibt sich als Retter Columbines vor dem schlimmen Räuber aus und erhält zum Lohn Columbines Hand.

Zirkusleben
(Deutschland um 1870)

Weißclown und der Dumme August proben eine Nummer: Wilhelm Tell. Der Weißclown ist Tell und will August einen Apfel vom Kopf schießen. Dieser frißt aber den Apfel auf . . .[20].

Die Seiltänzerin ist traurig. Ihr Vater, der Zirkusdirektor, hat ihre baldige Heirat mit dem arroganten Weißclown angekündigt. August will sie aufheitern und bringt sie tatsächlich zum Lachen. Die Zirkusprinzessin gibt August einen Kuß. August wird fast ohnmächtig vor Glück. Der gestrenge Zirkusdirektor kommt in die Manege und verjagt die beiden.

Der arrogante Weißclown kommt, packt die Seiltänzerin und will sie küssen; schließlich gehört sie ihm. Das Mädchen weicht aus, aber ihr Vater schiebt sie immer wieder in die Arme des Weißclowns zurück. Er holt den Brautschleier und bedroht seine Tochter mit der großen Peitsche. Da geht mutig der Dumme August dazwischen, wird aber verjagt.

Die Seiltänzerin sitzt weinend am Manegenrand. Der Weißclown versucht sie zu trösten und träumt davon, Besitzer eines riesigen Zirkus zu sein . . . Da schleicht sich von hinten der Dumme August an, als Löwe verkleidet – und brüllt fürchterlich. Der Weißclown rennt in panischer Angst davon, die Seiltänzerin ist starr vor Schreck. August gibt sich zu erkennen. Sie küssen sich glücklich.

Direktor und Weißclown schleichen sich vorsichtig in die Manege. Sie haben Angst vor dem ausgebrochenen Löwen. Da sieht der Zirkusdirektor das Paar. Er will mit der Peitsche dazwischengehen. Da erzählt August pantomimisch das Abenteuer mit dem Löwen. Der Direktor schüttelt gerührt dem Dummen August die Hand: Er ist der richtige Mann, der einmal den Zirkus übernehmen soll.

Der Weißclown und der Dumme August proben wieder die Tellnummer. Der Direktor und die Seiltänzerin schauen zu. Doch da legt August dem Weißclown den Apfel auf den Kopf und zielt mit einer Wasserspritze nach ihm. Der Weißclown will dem August – wie gewohnt – einen Tritt geben. Doch August packt reaktionsschnell den Fuß des Clowns und wirft ihn zu Boden. Seiltänzerin und Direktor lachen, der Weißclown verläßt beschämt die Manege.

Stummfilm
(Amerika um 1920)

Mary, das hübsche brave Mädchen, steht am Fenster und träumt von Charly. Dieser betritt ihr Haus und überreicht eine Blume. Sie küssen sich und werden vom Vater überrascht. Große Verfolgungsjagd über Tisch und Stühle, durchs Fenster und wieder durch das Zimmer. Schließlich flüchtet Charly.

Der Vater zählt Geld. Heute kommt der Gläubiger, und er kann seine längst fällige Rechnung nicht bezahlen. Sorgenfalten zerfurchen sein Gesicht . . . Da naht auch schon der Widerling, ein reicher unsympathischer Fettwanst.

---

20 Die Szene wurde entnommen aus: *Tristan Rémy*, Clownnummern; und pantomimisch dargestellt.

Der Vater gibt zu verstehen, daß er nicht zahlen kann. Der Widerling fordert Mary als Pfand. Weinend übergibt der Vater Mary an den Gangster, der seine Tochter brutal aus dem Hause schleift.

Der Widerling zwingt Mary, Flitterkram anzuziehen, wie ihn eben die leichten Mädchen von der Straße tragen. Er will Mary als Prostituierte »abrichten«. Er zeigt, wie sie zu gehen hat, um die Schulden des Vaters schneller zu verdienen. Da kommt Charly, mit einem riesigen Bart verkleidet. Er bedroht den Widerling, indem er mit gestrecktem Zeigefinger in der Jackentasche auf ihn zugeht, so als ob er einen riesigen Browning in der Tasche hätte. Der Gangster weicht zurück. Charly gibt sich zu erkennen und zeigt Mary seine »Waffe«. Dies bemerkt nun auch der Widerling und will sich Mary zurückholen. Da nimmt Charly all seinen Mut zusammen und schlägt den riesigen Mann in einem furiosen Boxkampf zu Boden.

Der Vater sitzt, von Reue zernagt, in seinem einsamen Haus und weint nach seiner Tochter. Da betreten Mary und Charly das Zimmer. Es geschieht eine rührende Wiedersehensszene zwischen Vater und Tochter. Doch da bemerkt der Vater Charly, den er als Schuldigen an der ganzen Misere ansieht. Große Verfolgungsjagd, bis Mary dazwischengeht und den Sachverhalt pantomimisch erzählt. Gerührt gibt der Vater seine Mary Charly zur Frau, und das junge Paar geht – wie immer am Happyend eines *Chaplin*filmes – in Richtung des Horizontes.

Anmerkungen zur Inszenierung: Die Szenen wurden alle pantomimisch dargestellt, allerdings mit sämtlichen realen Requisiten.

Der ersten Szene wurde *Mozarts* »Pantalon et Columbine«, der zweiten Szene Teile aus der 3. Symphonie von *Schubert* unterlegt und choreographisch genau pantomimt.

Der Zirkusszene wurde eine Collage aus Filmmusik von *Charly Chaplin* unterlegt, während für die Stummfilmszene selbstkomponierte Musik *(Gottfried Rimmele)* »live« am Klavier gespielt wurde.

Die Stummfilmszene war in Kostüm und Bühnenbild vollkommen auf schwarz und weiß abgestimmt; das »Flimmern« wurde noch durch einen ohne Film laufenden Projektor verstärkt.

Literaturverzeichnis

Körpertheater

Weltkunst der Pantomime; *Marceau;* Verlag Die Arche, Zürich
Die wortlose Sprache; *Soubeyran;* Friedrich Verlag, Velber 1968
Pantomime – Wesen, Ursprung, Möglichkeiten; *Simon;* Nymphenburger Verlagshandlung, München
Pantomime. Eine Einführung für Schauspieler, Laienspieler und Jugendgruppen; *Müller;* Verlag J. Pfeiffer, München 1979
Die Kunst der Wahrnehmung; *Stevens;* Kaiser Verlag, München
Über das Marionettentheater; *Kleist;* ro-ro-ro-Klassiker
Über den Beruf des Schauspielers; *Brecht;* Edition Suhrkamp
Schriften zum Theater; *Brecht;* Bibliothek Suhrkamp
Aller Tage Abend; *Kortner;* 1969
Schriften über Film und Theater; *Erich Engel;* 1971
Das arme Theater des Jerzy Grotowski; *Grotowski;* Friedrich Verlag, Velber
Spiel und Theater als kreativer Prozeß; *Handbuch der Kunst- und Werkerziehung,* Berlin 1972
Theater machen, Handbuch für die Amateur- und Schulbühne; Hrsg. *Giffei;* Verlag Ravensburg
Die Pantomime im Drama der Shakespearezeit; *Mehl;* Verlag Quelle und Meyer, Heidelberg
Sprechende Bewegung; *Loesch;* Henschel Verlag, Berlin
Grundlagen der Schauspielkunst I und II; Friedrich Verlag, Velber
Der leere Raum; *Brook;* Verlag Hoffmann und Campe, Hamburg
Das Theater und sein Double; *Artaud;* S. Fischer Verlag, Frankfurt
Die Arbeit des Schauspielers an sich selbst; *Stanislawski;* Henschel Verlag, Berlin
Die komische Figur; *Reuling;* Göschensche Verlagsbuchhandlung, Stuttgart 1890
Das Bewegungstheater; *Schmolke;* Wolfenbüttel
Schauspielen, Handbuch der Schauspielausbildung; Hrsg. *Penka;* Henschel Verlag, Berlin
Die sieben Zeitalter des Theaters; *Southern;* Sigbert Mohn Verlag, Gütersloh
Narrenfreiheit, Beiträge zur Fastnachtsforschung; Tübinger Vereinigung für Volkskunde e. V. Schloss
Körpersprache; *Molcho;* Mosaik Verlag, München
Der Tanz; *Max von Boehn;* Volksverband für Bücherfreunde, Wegweiserverlag, Berlin 1925
Das Narrenschiff; *Brant;* übertragen von *Junghans,* Reclam Verlag, Stuttgart
Hundert Ausbündige Narren; *a Santa Clara;* Die bibliophilen Taschenbücher, Hrsg. Bertsche-Herdersche Verlagshandlung, 1917
Die Geschichte des Grotesk-Komischen; *Flögel;* Die bibliophilen Taschenbücher
Sachwörterbuch der Literatur; *von Wilpert,* Stuttgart 1979
Ein Sommernachtstraum; *Shakespeare;* Übersetzung von *Schlegel* und *Tieck,* Berlin 1867
Jubiläumsausgabe in vier Bänden; *Morgenstern;* Verlag Piper & Co, München–Zürich 1979
Die Kirmes; *Pieter Breughel;* erzählt von *Guggenmos,* Arena-Verlag, Würzburg
Die Kinderspiele; *Pieter Breughel; Kass/Lukacsy,* Verlag Werner Dausien, Hanau
Große Maler in Bilderbüchern, Reinbeker Kinderbücher; hier: *Pieter Breughel, Giovanni Gandini;* Carlsen Verlag
Der Creglinger Altar; *Schaffert/Scheffler;* Langewiesche Bücherei, Königstein
Fastnachtsspiel; *Eckehard Catholy;* Sammlung Metzler, Metzlersche Verlagsbuchhandlung, Stuttgart
Erasmus Grasser; *Goldner/Bahnmüller;* Pannonia-Verlag
»Seid mei uhr nachm mond gaid«; *Fitzgerald Kusz;* Verlag Klaus G. Renner, München
Stücke 2; *Handke;* Suhrkamp Taschenbuch 102

Stücke; *Tardieu;* Verlag Stauffacher, Zürich
Der kleine Prinz; *Saint-Exupéry;* Karl Rauch Verlag, Düsseldorf
Shakespeares Romeo und Julia, Dichtung und Wirklichkeit; *Schmiele;* Ullstein Verlag, Ullstein Buch Nr. 5008
Romeo und Julia; *Llorca;* Theaterstück nach Shakespeare
»Fechten« in: Grundlagen der Schauspielkunst – bewegen, atmen, sprechen, fechten, schminken; *Kästner;* Friedrich Verlag, Velber, Reihe Theater heute 22
Das Schauspielerseminar; *Strasberg;* Schauspielhaus Bochum 9.–22. Jan. 1978. Hrsg. Schauspielhaus Bochum
Vortrag; *Mehring;* aufgenommen in der Schouwburg in Rotterdam am 15. 9. 1976
Goethe für alle; *Lutz Görner;* Pläne-Verlag, Dortmund

Commedia dell'arte

Commedia dell'arte. Die italienische Volkskomödie; *Dshiwelegow;* Henschel Verlag, Berlin 1958 (Moskau 1954)
Die Comédia dell'arte und Deutschland; *Kutscher;* Verlag Lechte, Emsdetten 1955
Die Commedia dell'arte und ihre Figuren; *Spörri;* Verlag Stutz & Co, Wädenswil/Zürich 1963
Commedia dell'arte, Harlekin auf den Bühnen Europas; *Bamberger Hochschulschriften,* Bayerische Verlagsanstalt, Bamberg
Commedia dell'arte; *Riha;* Inselbücherei 1007, Frankfurt
Komödiantenfibel; *Berthold/Rosenlechner;* Verlag Staackmann, München
Storia della Commedia dell'arte; *Apollonio;* Rom 1930
La Commedia dell'arte et ses enfants; *Duchartre;* Paris 1955
Intorno alla *Commedia dell'arte* in Poesia popolare e poesia d arte; Bari 1967
Der Ursprung des Harlekin; *Driesen;* Gerstenberg Verlag, Hildesheim
Der Mimus; *Reich;* Olms Verlag, Hildesheim
Theatergeschichte Europas, Band III; *Kindermann;* Müller Verlag, Salzburg
Theater; *Molinari;* Herder Verlag, Freiburg
Illustrierte Weltgeschichte des Theaters; *Bamber Gascoigne;* Langen Müller Verlag, München
The World of Harlequin; *Nicoll;* Cambridge at the University Press, Cambridge 1963
La Commedia dell'arte, storia et testo; *Pandolfi;* Florenz 1957
Scenari inediti della commedia dell'arte; *Bartoli;* Florenz 1880
Della scena de sogetti comici et tragici; *Locatelli;* Roma 1618
Il teatro delle favole rappresentative; *Scala;* Venecia 1611
Das römische Carneval; *Goethe;* Die bibliophilen Taschenbücher
Die Commedia dell'arte in den Masken der *Sartoris;* Puppen & Masken-Verlag, Frankfurt
Für ein menschliches Theater; *Strehler;* Suhrkamp Verlag, Frankfurt
Bouffonneries Nr. 1, 2, 3 (Commedia dell'arte; Les Theatres de la rue; Mascques du Carnaval a la Commedia); Trimesterzeitschrift »Bouffons du midi«, Domaine de Lestanière, 11 000 Cazilhac; erhältlich bei Puppen & Masken, Frankfurt, Eppsteiner Str. 22
Maschere e Travestimenti nella Tradizione del Carnevale di Venezia; *Arsenale Cooperativa Editrice;* Venezia 1981
Max Reinhardt und die Welt der Commedia dell'arte; *Prossnitz/Leisler;* Müller Verlag, Salzburg
Clownnummern; *Tristan Rémy;* Kiepenheuer & Witsch
Komödien des *Carlo Goldoni;* Übersetzung *Riedt;* Winkler Verlag, München
Geschichte meines Lebens und meines Theaters; *Goldoni;* Verlag Winkler, Die Fundgrube, München
Commödien des *Machiavelli;* Winkler Verlag, Die Fundgrube, München
Das Decamerone; *Boccaccio*
Picknick im Felde; *Arabal*

Verzeichnis von Musikstücken, die sich besonders gut für Übungen des Körpertheaters eignen

(Selbstverständlich ist über Geschmack nicht zu streiten, und ebenso selbstverständlich eignet sich *jede* Musik zur Untermalung körperlichen Ausdrucks und zur Umsetzung in körperlichen Ausdruck. Trotzdem sei eine kleine Auswahl angeboten.)

Musik aus *Charlie-Chaplin*-Filmen – bellaphon
Musiche da celebri Film di *Charlie Chaplin* – RCA
Peer Gynt-Suiten I und II von *Edvard Grieg*
Pierrot Lunaire von *Schoenberg*
Bilder einer Ausstellung von *Mussorgsky*
The Planets von *Gustav Holst*
Der Karneval der Tiere von *Saint-Saens*
Die Geschichte vom Soldaten von *Igor Strawinsky*
Le Sacre du Printemps von *Igor Strawinsky*
Der Zauberlehrling von *Paul Dukas*
Till Eulenspiegels lustige Streiche von *Richard Strauß*
Totentanz von *Camille Saint-Saens*
Karneval von *Anton Dvorak*
Nußknacker-Suite von *Tschaikowsky*
The Comedians-Suite von *Kabalevsky*
Kanon von *Johann Pachelbel*

(*Selbstverständlich eignen sich fast alle Musikstücke von Beethoven, Schubert* und *Mozart*.)

Pantalon und Columbine von *Mozart*
Pinocchios Abenteuer von *Schwaen*
Filmmusik aus Barry Lyndon von *Stanley Kubrick* – Warner Bros. Rec.
Filmmusik aus Casanova von *Fellini*, Musik von *Nino Rota* – Barclay
Music fp *Zen Meditation* – verve
Filmmusik aus Spiel mir das Lied vom Tod von *Sergio Leone* – Ariola
Oxygene von *Jean Michel Jarre* – discques Motors
Concerto Grosso per i *New Trolls* – fonit/cetra via bertola Turin
Saitenweg »Natu in ventu« Brutkasten Nr. KB 85 B 027 – *G. Rimmele*
Prestige de la Harpe Celtique – *Denise Mégevand* – Arion
Das häßliche Entlein von *Janko Jezovsek*
Die große Drehorgel – FASS
Barock-Revolution, Switched-on *Bach* – CBS
Höfische Tänze von *Taubert*, Schott-Edition
Tanzmusik der Renaissance – *Ulsamer Kollegium* – Archiv
Curieuse Tänzte und Weisen I und II, *Bamberger Ensemble* – Pallas